MERGULHO NA PAZ

HERMÓGENES

MERGULHO NA PAZ

31ª edição

BestSeller

Rio de Janeiro | 2022

EDITORA-EXECUTIVA
Raïssa Castro

SUBGERENTE EDITORIAL
Rayana Faria

EQUIPE EDITORIAL
Beatriz Ramalho
Mariana Gonçalves
Ana Gabriela Mano

ADAPTAÇÃO DE CAPA
Leticia Quintilhano

REVISÃO
Priscila Catalão

DIAGRAMAÇÃO
Ricardo Pinto

CIP-BRASIL. CATALOGAÇÃO NA PUBLICAÇÃO
SINDICATO NACIONAL DOS EDITORES DE LIVROS, RJ

H475m 31. ed.	Hermógenes, 1921-2015 Mergulho na paz / Hermógenes. - 31. ed. - Rio de Janeiro : BestSeller 2022. 256 p.

ISBN 978-65-5712-165-8

1. Hatha ioga. 2. Paz de espírito. 3. Meditações. I. Título.

CDD: 204.36
CDU: 233-852.5Y

21-74775

Meri Gleice Rodrigues de Souza - Bibliotecária - CRB-7/6439

Texto revisado segundo o novo Acordo Ortográfico da Língua Portuguesa.

Impresso no Brasil

ISBN 978-65-5712-165-8

Seja um leitor preferencial Record.
Cadastre-se no site www.record.com.br e receba informações
sobre nossos lançamentos e nossas promoções.
Atendimento e venda direta ao leitor:
sac@record.com.br

Sei muito bem do drama dos pássaros
a disputar audiência
com os grandes ruídos do tráfego.

Sumário

Agradecimento

AS PRIMEIRAS EDIÇÕES FORAM êxitos de vendas. Foram *consumidas*. A *sociedade de consumo* aprovou--as! Como pode ter acontecido, se não fiz concessões, não adocei a pílula, se fiz frontal e explicitamente as *contestações* que supus necessárias?!

Para enfermos e atormentados virou *livro de cabeceira*. Mais destinado a dar "alfinetadas" que servissem para despertar, sem pretender levar consolo e conforto com eufemismos afáveis, levou calma e segurança a almas atropeladas e ansiosas.

Confesso que fui um tanto pessimista ao lançar a primeira edição. Sentia-me tentando oferecer um solo de violino em meio ao tumulto *pop* dominante. Quem me daria atenção?!

A surpresa foi agradável.

Educadores chegaram a incluí-lo em relações de livros didáticos adotados. Usaram-no como livro complementar às cadeiras de Língua Portuguesa e Educação Moral e Cívica.

Diferente de outros livros meus que tratam de yogaterapia, não visava a promover melhoras em enfermos. Mas isto aconteceu. Um amigo levou a filhinha de 11 anos ao pediatra e este lhe receitou um *Mergulho na paz*.

Pretendendo ser ecumênico ou pelo menos ficar longe da área em que almas pseudorreligiosas se combatem, cada uma querendo afirmar a excelência de seu grupo, conseguiu-o. Conseguiu receptividade na atmosfera mística e ascética de mosteiros e conventos. Trechos e páginas suas vêm sendo lidos em púlpitos durante a missa. Tem sido lido e comentado em sessões espíritas. Até mesmo supostos ateus leram e gostaram.

Como e por que alguém pode aceitar e gostar de um livro despretensioso e apenas muito sincero?

Para chegar a encontrar algo válido, belo, profundo, cósmico em *Mergulho na paz* é preciso ser maduro em sentimento, conhecimento e mística, amar a Verdade e cultuar a Beleza; é necessário principalmente sentir-se incompleto e com aspirações pela Divindade. Quem sente beleza em suas páginas é porque já vive a beleza em sua alma. Quem vê verdade, é que já a traz em si. *Mergulho na paz* tem o mérito de fazer com que o leitor descubra imensa riqueza de Paz, Beleza, Amor e Verdade, não no que ele traz escrito, mas em seus próprios corações, que são divinos.

Não admira que aqueles muito vividos, que andaram arduamente amealhando experiências ao longo de caminhos, de seus caminhos estreitos, aqueles que sofrem ou muito sofreram, se enterneçam com o livro, pois foi escrito por uma alma conscientemente buscadora e que atravessou áridas regiões ao longo de milênios.

O fato mais revelador, que também é o mais significativo e mais auspicioso, foi evidenciar-se o agrado com que jovens consumiram e "assumiram" *Mergulho na paz*. Em plena adolescência festiva e engolfados nesta hora caótica da cultura e dos valores espirituais, em meio a essa mutação furiosamente iconoclasta, muitos jovens passaram a curtir um mergulho, "não no psicodélico, não no *pop*, não no erótico, não na violência, mas na Paz".

Pessoalmente ou em cartas, mostraram-se efusivos em elogios: *legal, bacana*... Um grupo *hippie* o lê e sobre ele medita. Chamam de *joinha* um livro que, erradamente, eu supunha *careta*.

Como é bom verificar que a juventude quer espiritualizar a vida! Os jovens desvendam símbolos! Procuram o Real, abafado sob tanta aparência, tanta hipocrisia! Refletem e meditam! Se embevecem com a mística e com a poesia! Até mesmo aceitam que um *coroa* chegue a contestar aspectos da contestação que eles têm feito!

Como é esperançoso ver que os jovens, em realidade, amam o Amor, buscam a Beleza, querem a Verdade e sentem o apelo da Paz!

Como é gostoso ver uma juventude ecumênica procurando o mergulho na fonte da Paz — a Divina Presença em cada um!

Quanta esperança ao descobrirmos que o Cristo ainda ocupa lugar de destaque nos corações amorosos dos verdadeiros jovens.

Graças, meu Deus, mil graças pela esperança de um mundo melhor, um mundo de Paz.

Prefácio

DE TEMPOS EM TEMPOS a humanidade recebe um presente dos "deuses", com ensinamentos profundos que servem para sua meditação e consequente modificação de vida.

Agora mesmo temos sob os olhos um livro dessa espécie, e privilegiados são todos aqueles que tiverem a felicidade de lê-lo, devagar, saboreando cada um dos aforismos.

Não sabemos de onde Hermógenes recebe tanta inspiração — certamente é proveniente dos pensamentos da Luz Imortal que a todos nós circunda e permeia. Sua parte pessoal é dar-lhes forma, numa concisão admirável, numa elegância de estilo rara, lembrando muito os famosos haicais japoneses, três curtas linhas, mas cheios de vida, de encanto e de genuína inspiração poética.

Porque sem dúvida Hermógenes é um poeta, embora não se amarre a tradicionais formas estereotipadas de rima e métrica, deixando as rédeas soltas para que fluam as palavras no melhor encadeamento de ideias.

Os pensamentos, verdadeiras poesias, breves mas profundas, são de molde a fazer pensar seriamente, indicando o caminho da realização total do Homem:

"Jogaram uma pedra na tranquilidade do lago.
O lago comeu-a.
Sorriu ondulações e...
ficou novamente tranquilo."

Quantas lições maravilhosas aprendemos nesta obra, cujo valor jamais poderá ser medido pelo tamanho nem pelo número de páginas!

Mergulho na paz, como também *Presença da realidade* e *Canção universal*, o consagram como o "poeta da espiritualidade", enquanto as outras, como *Yoga para nervosos* e *Autoperfeição com Hatha Yoga*, revelam nele o técnico. Mas muitas outras já nos atestaram seu didatismo objetivo e sua exposição simples, cheias de ensinamentos para a juventude.

Damos os parabéns a todos os que lerem este livro de Hermógenes mais do que a ele mesmo: por que dar parabéns à roseira por produzir rosas?

C. Torres Pastorino
Autor de *Minutos de sabedoria*

Pórtico

APÓS LER E PREFACIAR este livro, Prof. Pastorino quis saber: "De onde seu autor recebe tanta inspiração?" E ele mesmo fez uma hipótese generosa e grandiloquente: "Certamente (seus conteúdos) são provenientes dos pensamentos da Luz Imortal..."

Embora assinando como autor, quem sou eu para concordar ou discordar? Sei que não se trata de psicografia, nada tendo eu contra. Pelo contrário, admiro a psicografia. Quem teria bastante autoridade e competência para desacreditar a magnificente e inigualável obra literária de São Francisco Xavier?!

Alguns leitores chegam a supor que sou um "irmão comunicante", irradiando do além. Aos 84 anos de vida, posso garantir que ainda não sou. Ainda estou aqui usando este corpo de matéria, sem a menor pressa de ir para o além.

Na abertura de um curso versando espiritualidade, em Brasília, o professor, um teólogo católico, citou do "filósofo grego Hermógenes": *É nas quedas que o rio cria a energia*. Minha filha e meu genro tiveram de levar-lhe um exemplar deste livro, para mostrar que Hermógenes não passa de um natalense simplório, mas teimoso no desejo de convidar todo mundo para mergulhar na Paz do Ser, que é patrimônio de todos, sem excluir ninguém.

Outros leitores, intrigados, pedem-me informações sobre o Mestre ou Anjo, que me inspirou e como aconteceu ou ainda acontece a inspiração.

Quase sou levado a responder: sei lá...

De tanto insistir em buscar em mim mesmo uma resposta, numa hora qualquer me veio a lembrança de um dia no passado — não lembro quando — ter pedido:

> *Deus meu, no dia em que varreres o Infinito,*
> *por misericórdia, joga um pouquinho*
> *de lixo em cima de mim.*

Se *Mergulho na paz* conquistou o nobre status de lixeira do Infinito, por certo não é por merecimento meu. Ora, misericórdia não liga para méritos e deméritos.

Guardo comigo uma informação vinda do Dr. Bezerra de Menezes através do médium São Chico Xavier. Respondendo uma pergunta minha, psicografou:

> *Onde estiver, a sua tarefa essencial e básica é a do escritor espiritualista e cristão, no auxílio à mente popular. Para isso, nosso caro amigo, conta com toda uma nobre equipe de colaboradores da Vida Maior, através da inspiração.*

O público já conhece livros meus destinados a melhorar ou implantar a saúde. Neles ensino a cultivar e mesmo cultuar um estilo de vida inteligente e propiciador de vida plena. Ao elaborar *Mergulho na paz*, porém, não cheguei a destiná-lo a prevenir, melhorar e curar enfermidades de meus futuros leitores. Longe de mim produzir mais uma obra de terapia.

Como um simples livro de poesia ou algo somente parecendo poesia, salvou a vida do ator, cantor e poeta Jackson Antunes, curando seu desespero, sua tendência suicida, sua arrasadora depressão e apavorante síndrome do pânico, após todas as tentativas médicas convencionais? De que jeito um livro que nem chega a ser de poesia consegue tanto?

Como o mesmo livro curou misteriosamente Dr. Severino Araújo, um então executivo internacional (administrador da FAO para a América Latina e Caribe), que, convencido da irreversibilidade de seu apavorante caos psicossomático, que a medicina nem conseguira diagnosticar, em sua triste condição de doente terminal assumido, lendo o livro todo ao longo de uma noite, deu um "chega pra lá" em toda sua enigmática tortura?

Como a oftalmologista, Dra. Idalina José, de Fortaleza, a qual, por determinação do oncologista, amputara o braço direito, libertou-se de uma compreensível síndrome forjada de medo, revolta, depressão, raiva, desejo de morrer, tornara-se uma demissionária da vida, lendo o livro ao longo de uma noite, exultantemente, ao alvorecer, reuniu os filhos e declarou o "nascimento de uma nova mulher", a mãe deles?

Como aos 70 anos um ourives, no Rio de Janeiro, subjugado pela profunda depressão provocada pela morte de seu neto mais amado, já o estava arrastando para a cova. Leu no livro:

Adormeci à sombra da árvore.
Ao acordar, dourado pingo de sol
dançava sobre meu peito.
Pensei que era meu.

Senti-me rico.

Quis agarrá-lo.

Meu gesto de cupidez o assustou.

E a luz se foi.

Foi o bastante para ele alcançar o que os medicamentos e a tecnologia médica não lograram — abrir mão do neto e, consequentemente, livrar-se da própria depressão que o estava matando.

Cada vez fico mais atarantado com depoimentos espantosos que me enviam.

Por que e *como* tais "milagres" acontecem?

Continuo sem resposta. Mas já se delineiam algumas hipóteses de explicação. Todas se baseiam na concepção holística do ser humano e da Vida; na convicção do ilimitado potencial curativo do Amor; na absoluta certeza de que Deus, nossa Essência, dentro de nós, é infinitamente misericordioso e que para Ele os impossíveis ao ser humano se tornam possíveis; na convicção de que somos, cada um de nós, a própria Unidade, que é nossa verdadeira Essência, isto é, que só aparentemente somos ondas fortuitas na vastidão do Mar da Eternidade.

Que, para você, *Mergulho na paz* tenha o condão de apaziguar, purificar e iluminar sua mente, que venha a abrir o portal da Paz duradoura dentro de sua alma, veneranda andarilha nas trilhas do Divino, que venha a manifestar a felicidade pura e real que é você mesmo, que fortaleça e revigore sua vontade de ascender, vencer, superar, avançar neste "caminho estreito" que conduz ao Reino do Supremo Ser, que você é e em realidade todos somos.

É bom avisar: não leia as metáforas, os símbolos, os poemas, os haicais e as parábolas de *Mergulho na paz* como quem toma um remédio esperando ser curado. O livro em si não cura. Aprendi a acreditar que a santidade é que nos pode presentear com a sanidade. Dependendo das reações do leitor, esta obra pode inspirar santidade a seus pensamentos, sentimentos, emoções, convicções e ações e assim fazer a sanidade manifestar-se. O livro instiga, mas somente o Deus em você é o obreiro da cura.

Já que está com o livro na mão, faça um teste — abra-o a esmo e leia a página. Observe-se. Que sentiu? Alguma emoção? Alguma evocação? Alguma inferência? Algum descobrimento? Alguma elucidação? Sugestão? Algum bem-estar? Embevecimento? Um estímulo para uma autoanálise? Algo diferente? Alguma beleza?

Tomara que lhe aconteça como ao dirigente da FAO, àquela oftalmologista que ia apelar para o suicídio, àquele ourives esmagado pela depressão, ao ator Jackson

Antunes. Jackson, por exemplo, abriu o livro ao acaso e o que leu foi:

Atiraram uma pedra na tranquilidade
do lago.
O lago comeu-a.
Sorriu ondulações.
E voltou a ficar tranquilo.

Só ele pode explicar, ou talvez nem ele, por que e como esta metáfora o curou e salvou.

Que seu mergulho na Paz seja definitivo e libertador. Torço por você.

Se puder, dê notícia.

Namastê (Deus em mim saúda Deus em você).

O ser humano

QUANDO A VIDA UNIVERSAL quis uma *forma* que pudesse conhecê-La, engendrou o ser humano. Mas este, esvaindo-se entre prazeres e pesares, entre ócios e negócios, fugindo e perseguindo, esqueceu a Vida que ele mesmo é.

A Vida tem razões para desolar-se com a vida que as pessoas levam.

As potencialidades infinitas do Ser Supremo, que nós somos, permanecem abortadas pelas posses, afazeres, doutrinas, partidos, preceitos, preconceitos, vaidades estúpidas, verdades que não o são e que, embora nos retenham na penúria verdadeira e em verdadeira servidão, são por nós defendidas e amplificadas como se nos dessem segurança e paz.

O grande erro tem sido perguntar ao ser humano o que Deus é, em vez de pedirmos a Deus que Se desvele, e nos diga aquilo que o ser humano é.

Cantar a Canção Universal exige muito, o que o ser vulgar não decide nem tem tido força para fazer.

Palavras como *equanimidade* soam bem, mas nada ou pouco significam para uma pessoa incapaz de reduzir o ritmo com que procura adquirir as coisas do mundo.

Ecumenismo é também muito sonoro. Mas, quais os que realmente transcendem os fossos a separar credos, doutrinas, partidos, times, pigmentação, ideologias, paróquias, cercas, muros...?

Desapego, para você e para mim, para a imensa maioria é árduo, parecendo mesmo impraticável.

Renúncia, quem a ela está disposto?

Devoção a Deus, no serviço a nosso irmão, é outra coisa praticamente estranha, inexistente.

Como estamos desafinados para a Canção Universal!

A humanidade nasceu no momento em que, no drama da criação, uma forma de vida, ultrapassando o viver puramente instintivo, atingiu a capacidade de autodeterminação e autoconsciência, passando a pagar, daí por diante, o alto preço da responsabilidade.

O ser humano, ao mesmo tempo que abriu os olhos para a luz, recebeu nos ombros pesada cruz.

Eu vi passar a procissão de pessoas iguais, tristemente iguais, mesquinhamente, miseravelmente, acomodadamente, doentiamente iguais.

Cada uma, em si mesma, convencida de ser autêntica, ia a cantar desentoado a canção de sua própria autenticidade inexistente.

Todas, arrastando medroso e maquinal *mesmismo*, iam inventando um poema de suposta liberdade.

Iam tangidas pela espora da cobiça, perdidos no erótico, fugindo do tédio, caçando novas sensações, buscando acumular, tentando preencher o grande vazio.

Todas massificadas no mesmo caminho, defendendo desgastadas crenças ou gritando pseudorrebeliões extremistas, repetindo ideologias ocas mas aliciantes, mantendo as mesmas aspirações, lutando pelas mesmas confortadoras ilusões.

Iam vestindo as mesmas vestes; falando de forma igual; preferindo as mesmas coisas, detestando as mesmas coisas; alienando-se da mesma forma.

Ainda estou vendo passar agitada a patética procissão dos "homens-máquinas" iguais, com seu tropel de normais pés acorrentados, tentando esmagar os raros rebeldes divinos que falaram da verdadeira liberdade e da autenticidade que liberta.

Quando o diamante e o carvão, salvos da ilusão em que vivem, descobrirem que, em realidade, um não é mais do que o outro, nem mesmo diferente do outro, pois são a mesma coisa — o carbono —, então deixará de existir a injustiça do primeiro contra o segundo e a revolta deste contra aquele.

Quando libertos da ignorância, da estupidez, do erro, da violência, da espoliação, do ódio, da greve, da guerra e da fome, as ruínas, a miséria, o medo... tudo deixará de existir.

Acabará a luta de classes.

Acabará porque acabará o motivo por que lutam — a ignorância.

É ela que impede que o carvão e o diamante descubram que, em realidade, são ambos o carbono.

∾

O ser humano é o herdeiro do Reino.

Mas a ignorância o encantou. E ele sofre porque pensa ser mendigo.

∾

O ser humano está fugindo.

Foge dos outros.

Foge do tédio, do perigo, da ansiedade, do vazio, da fome, da guerra, da privação, da morte...

Mas a fuga principal é aquela por meio da qual procura escapar do encontro consigo mesmo.

Cada um se sente, para si mesmo, a maior ameaça, a decepção maior.

O ser humano tem medo de saber o que ele é. Todas as portas de escape são buscadas, contanto que se aliene do que supõe ser.

LSD, aquisições, aplausos, divertimentos, prazeres, euforizantes, vícios, pervertidos ócios, negócios sufocantes...

As portas são muitas...

Que pavor da solidão!

Todas as portas parecem válidas, mas são frustrantes.

Que pavor de escutar o silêncio!

Silêncio e solidão lhe parecem ameaças. Por isso são temidos e evitados.

Lastimável e trágico erro!

Poucos podem aceitar que a salvação está na direção oposta à da fuga.

A libertação, o remédio e a paz estão no fim da estrada do silêncio e da solidão.

Foi-nos insistentemente ensinado "conhece-te a ti mesmo". Têm-nos insistentemente repetido que a Verdade nos salvará.

Mas até agora não aceitamos.

E o escapismo universal segue devastando a humanidade e tudo.

A procura de si mesmo — em silêncio e só — é a esperança.

E a minha esperança é que se voltem para ela todos os homens.

Todos o conheciam como Antônio V8.

Era um rapazinho negro e tranquilo.

Enquanto empregado, atendia à casa do padrinho, que, por sua vez, era também um pobretão.

Um doidinho assim, sem patrão, sem passado, sem futuro, a servir com fidelidade àquela casa onde faltava pão.

Seus pais? Ninguém conhecia. Muito menos ele. Quando lhe perguntavam onde nascera, respondia:

— No Riacho do Trigueiro, embaixo de um pé de *imbu*.

Quando alguém o mandava à venda comprar qualquer coisa, logo se imaginava dirigindo seu V8. Inchava as bochechas, fazia uma fresta nos lábios, ligava o motor, passava a primeira e, fazendo ruído com a boca, alegre como ninguém, dava a partida e saía veloz a cumprir o mandado.

Antônio V8, que só consigo ver na minha saudade, companheiro de meninice, quero dizer que sou teu irmão.

Nascemos na mesma casa, filhos do mesmo *Pai Celestial*, que nunca deixou de nos assistir.

Onde estiveres, tolo e bom Antônio V8, trabalhador e alegre, neste ou noutro mundo, onde estiveres, continuas a ser meu irmão.

Não te esqueças de que tu e eu estamos a caminho. O Pai vai dar uma festa à nossa chegada. A casa está aberta.

Liga teu V8 e vai para lá.

Espera-me.

Ou eu te espero?

Os condutores de que o mundo precisa raramente aparecem. Surgem como estrelinhas faiscantes, mas em geral ficam anônimos, quando não perseguidos, anulados, esmagados pela mediocridade dominante.

Alguns desses raros seres nem sequer saem da pobreza em que nasceram.

O mundo não os entende. E muito menos lhes atende.

O mundo prefere continuar seu viver sofrido, entre choques de doutrinas, nacionalismos adversários, facciosismos conflitantes, impérios que crescem esmagando e fazendo injustiça, instalando a exploração, despertando ódios, derramando sangue... E tudo em proveito de mentirosas e efêmeras hegemonias.

Os gênios que poderiam conduzir o mundo à Paz continuam estrelinhas anônimas, ignoradas, isoladas, inacessíveis.

São estrelinhas num rasgo de céu em noite tempestuosa, pejada dos carregados nimbos da violência e da ignorância.

Quando teremos nós, os homens, um céu todo estrelado?

Dois ignorantes se encontram e não tardam em se agredir.

Dois sábios se encontram e logo se abraçam.

Aí está a *normalidade* que recuso ser.

Aí está a massificação que não aceito para poder ser aceito.

Aí está *um mundo normal* no qual prefiro, mesmo em troca de sofrimento, conservar-me *anormal.*

Aí estão as compensações, vitórias e seguranças que não busco... para, desse modo, poder continuar fora do rebanho.

Ontem vi um quadro que me entristeceu.

Não fique aí pensando que foi algo trágico. Não foi um pai morto e os filhinhos em volta chorando o desamparo e a saudade. Nem uma pessoa ferida a arrastar-se na parda poeira da estrada, castigada pelo sol do meio-dia. Não foi um cachorrinho sem dono, faminto, magérrimo, mutilado e sarnento, mancando na calçada com os moleques a maltratá-lo. Também não foi o palhaço chorando, mas tendo de fazer rir. Nada disso. Nada que dê vontade de chorar.

Foi algo menos dramático, mas de consternar. Foi algo que, para mim, simbolizou a tolice de algumas pessoas.

Sabe o que foi?

Um homem, no Mercado das Flores, enquanto arranjava lindas rosas perfumadas numa cesta, baforava e babava um toco imundo de cigarro ordinário.

Não é mesmo uma profanação?!

Viva a Revolução!
Tem de haver uma Revolução!
Uma Revolução que mude as coisas, que feche feridas;
apague ressentimentos;
dê comida e teto;
dê alegria e segurança;
liberte a humanidade do medo que a desgraça;
defenda todos nós do tédio;
ilumine nossas vidas e vença a angústia.
Viva a Revolução que há de unir todos no bem!

É preciso mudar a sociedade.

É preciso antes mudar o ser humano e fazê-lo dizer:

— Se alguém muito além chora, lágrimas me vêm ao rosto.

— Se muito longe alguém se põe a rir, a mesma alegria move meus lábios.

— Sinto-me nascer quando, muito longe ou perto, alguém nasce. E morro com a morte dos outros.

— Se a dor fere alguém — não sei em que distante ou próximo povoado — eu, aqui, nas minhas carnes, sinto a mesma dor.

— Se um pecador cai em tentação, sou eu a pecar.

— Se algum santo — não sei onde — abençoa alguém, sou eu o santo, sou o outro, sou a bênção.

— Eu sou tu mesmo em teus sofrimentos, em teus erros, em tuas nobrezas, vitórias e perdas. Somos um.

Quando cada indivíduo tenha realizado empatia, identidade, simpatia... haverá lugar para espoliações, terrorismos, injustiças, passeatas, polícia, agitações, choques, ogivas, colônias, psicodélicos, neuróticos, massacres, fomes, destruições, desnutrição, corrupção?

Vitoriosa a Grande Revolução Interior, para que a pretensa revolução exterior?

Em busca de boas definições, encontrei uma que acho exatíssima:

— Potentado é um tolo que vive pelo pó tentado. Concorda?

Tenho encontrado pessoas que orgulhosamente proclamam a *liberdade de serem escravizados* por seus vícios.

Pecador é tão somente um ser infelicitado pela ignorância e pela doença.

O antídoto do pecado, portanto, não é a virtude, mas a saúde e a sabedoria.

Uma vez vi um homem no lixo.

Que vergonha danada senti de ser homem!

Meu Deus.

Eu bem sei que em Tua Onisciência tudo sabes. Em Tua Justiça fazes o que é para ser feito.

Tu bem sabes que não Te peço, e não o faço porque sei que me dás o que preciso, dentro do que mereço. Mas, perdoa... Não resisto à tentação de pedir-Te pelas crianças de todo o mundo.

Elas são o futuro. Preserva-as de tudo que possa corrompê-las. Cerca-as com Tuas amorosas vibrações, fazendo com que se desenvolvam na maior pureza, não obstante as impurezas que são lançadas em seus caminhos. Faz com que aprendam e, com o que vierem a aprender, se tornem não somente bons e honrados profissionais, mas, principalmente, seres humanos harmoniosos, serenos, felizes e cheios de bondade, e, assim, venham a ser pais e esposos exemplares e cidadãos perfeitos. Alimenta as crianças com o mel de Teu Amor, sem o que não aprenderão a amar-Te, amando-Te no semelhante, mesmo naqueles que sejam adversários. Defende-as das guerras, da depravação, da massificação alienadora, de todas as misérias que os adultos pervertidos disseminam. Protege-as contra a poluição do ar, da terra, do mar, das almas. Que não lhes faltem pão, escola, ternura, teto, compreensão, esperança, ar para respirar, beleza para desfrutar, desafio para vencer... Dá-lhes Tua mão-guia a fim de que não se extraviem nos traiçoeiros atalhos fascinantes, nas seduções dos vícios. Dá-lhes Tua mão-amparo contra a devastação crescente, de eficiência tecnológica, de sabor psicodélico. Permite que, quando se tornem adultos e envelheçam, ainda conservem algo de pureza infantil, de espontaneidade. Vacina-as contra a mais nefasta das doenças — o egoísmo. Ensina as crianças, meu Deus, a acharem felicidade plena no sorriso agradecido de quem elas vierem a ajudar.

Toma Contigo as crianças de todo o mundo.

Amém.

O mestre da minha infância me ensinou:
nobreza na pobreza,
ânimo na adversidade,
sobriedade na abastança,
altivez na humilhação, contentamento na penúria,
poesia na lida,
honradez mesmo quando traído,
esperança mesmo que tudo pareça perder-se,
equilíbrio embora envolvido pelo caos.
Esse mestre foi meu pai.

～

O grande perigo da tecnologia é implantar na humanidade a convicção trapaceira de que é onipotente, impedindo-a de ver sua imensa fragilidade e incomensurável ignorância.

～

Agora já não são necessários os "quarenta dias e quarenta noites" de aguaceiro.

Os arsenais já acumularam suficiente poder para destruir tudo.

Como será a "arca de Noé" de nossos dias?

De uma coisa estou certo: ela existe, e é feita para os homens de paz.

Paz

O sábio encontra a Paz dentro de si mesmo. Com ela, neutraliza os choques do conflito onipresente, mas felizmente não onipotente.

Quando te sentires exaurido, aflito, deprimido, insatisfeito, atormentado, faz como o *yoguin*: mergulha fundo dentro de Ti Mesmo e bebe da Fonte Interna, que tem sempre o de que precisas.

Espinhos e pedras feriram meus pés nus. Mas segui andando, na esperança de algum oásis.

E foi com muitas chagas que alcancei a relva macia: Paz e Amor.

Fecharam-se as feridas.

Meu coração — deslumbramento! — vive poesia, vagueia entre bosques ternos, banha-se em regatos de alegria.

Contigo será o mesmo.

Não te rendas à fadiga nem ao desalento. Não pares. Nem mesmo para te condoeres de teus pés sangrando. Caminha, agora ao relento. Também tu virás a encontrar o teto. Tu também serás remanso. Recebe o aceno das férteis paragens da Paz. O oceano é feito — agora — de dor. Tuas chagas, depois, também fecharão.

Não te detenhas e muito menos retrocedas.

Caminha, peregrino.

Não estás só nem perdido.

Neste mundo bélico, "lógico", psicodélico, tecnológico, competitivo, erótico, dispersivo, neurótico, violento, pseudoartístico, virulento, tão "normal", tão "intelectual", tão superfície, tão oco, tão agitado, tão confuso, tão material, tão hedonista e sem rumo... os poucos que têm Paz são "marginais".

Marginalizemo-nos. Mergulhemos na Paz.

Se as coisas lá de fora te amedrontam e te perturbam é que até agora ainda desconheces a silenciosa e sutil fortaleza de Paz que está dentro de ti.

É paraíso. Segurança. Plenitude.

Mergulha.

Para dentro.

⌒

A distância veste manto azul no verde das montanhas.

A distância a separar-te de Deus, em manto de angústia veste tua alma que sofre.

Vai para o azul das montanhas e descobrirás o verde.

Caminha para Deus e verás que és Paz.

⌒

Deus fala mais fácil não quando ansiosamente Lhe pedimos que fale, mas quando, humildemente, nos calamos, em espera tranquila.

⌒

Parem de lutar! Parem de matar! Parem de corromper! De furtar! De explorar! De perseguir! De invadir! De conquistar! Enganar! Dominar! Poluir!... Parem enquanto é tempo.

Há crianças sem escola e sem o que comer.

Não mandem bombas. Mandem pão. Mandem livros.

Há velhinhos cansados, mas ainda saudáveis e sempre saudosos, querendo ainda viver, ainda amando e protegendo decadentes vestígios de esperanças.

Vejam. Os leitos dos hospitais não chegam para tanto enfermo.

Reparem como as lavouras estão se acabando.

O rosto do homem está queimado pelos rios de lágrimas tristes que chorou. Lágrimas, quando tristes, queimam. Vejam quantos sorrisos mortos em lábios trêmulos de medo.

Cessem este estúpido demolir.

Lembrem-se de que nenhuma hegemonia pode ser eterna nem justifica tanta injustiça.

Comecem alguma coisa que venha tornar alguém menos desgraçado, que venha salvar o mundo do extermínio, que possa dar a cada um aquilo de que mais precisa — a Paz.

Enquanto ansiamos pela Paz não a alcançamos.

Ansiedade e Paz são antíteses. Nunca se juntam.

Não peças Paz ao Senhor.

Limpa, perfuma, adorna o trono de Deus, que é tua alma — torna-o convidativo — e Ele virá, trazendo a Paz.

E os homens continuam a perseguir miragens; a acumular tesouros que apodrecem; a conquistar vitórias combustíveis como pólvora...

Desilusão é o único remédio para o iludido, pois é o fim das ilusões.

Desiludido, o homem desmascara o engodo que lhe vem impossibilitando a Paz.

Não pules ansioso e ávido querendo agarrar estrelas.

Senta-te quieto e mudo e esquece-as inteiramente.

Quando teu silêncio fizer de ti uma estrela, uma das do céu descerá para brincar contigo.

❧

Antes de ser remanso, o rio se arrebenta todo nas corredeiras da montanha.

❧

Jogaram uma pedra na tranquilidade do lago.
O lago comeu-a.
Sorriu ondulações e...
ficou novamente tranquilo.

❧

Quando vejo longe um horizonte bonito, cheio de paz e distâncias, tenho ímpetos de correr para lá. Sinto o desejo de tocar o céu com a mão.

Como sei que, quando lá chegar, um novo horizonte, adiante, fascinante, vai me atrair, e, assim, jamais eu pararia de perseguir fugidios horizontes sedutores, decido ficar onde estou e *contentar-me*. Aí dou-me conta de que onde estou está um horizonte, com o céu ao meu alcance.

Para chegar ao céu não é preciso andar intensamente, insatisfeito, perseguindo horizontes a fugir.

Contente onde estou e com o que sou, consigo ver que sou horizonte, e então a Paz me consome.

Com luta você só conseguirá mais luta. Nunca a Paz.

～

Chega de tantos megatons!

Parem de construir ogivas!

O planeta vai explodir e levar também vocês...

O inimigo da Paz e seu também não está lá do *outro lado*...

Está aí. Dentro de vocês. Dentro de cada pretenso dono dos outros.

Que domínio vocês poderão conquistar se os do outro lado vão todos morrer?!

Que hegemonia podem pretender se também vocês serão desintegrados megatonicamente?!...

Se vocês desejam hegemonia, domínio, controle... então, ainda hoje, comecem a conquista de vocês mesmos; tratem de dominar — em paz, não esqueçam — o que em vocês é irretidão, tibieza, estupidez, ignorância, rancor, medo, ansiedade, arrogância, fragilidade, inquietude, desespero, vício, hipocrisia e desejo de afirmação, apego, rancor, ressentimento.

Depois disto, vocês e os do outro lado terão um problema muito grande a resolver — jogar fora tantos megatons, germes, gases, tantos engenhos apocalípticos que andaram juntando.

Jogar fora???!!!

Onde é o *fora* deste infeliz planeta que vocês estupidamente desarrumaram???!!!

Se a Paz gostasse de ouro, só seria encontrada no palácio do potentado.

Mas a Paz é pobre.

A palhoça do pescador pode ser sua morada.

A Paz parece inviável.

Reinam tensões entre os homens.

Reinam tensões dentro de cada um.

Partidos se defrontam.

Povos tentam mutuamente destruírem-se.

É de pasmar que, neste zênite tecnológico, chegado o homem à Lua, ainda sobrevivam rixas, batalhas, terrorismo...

A tecnologia levou o homem à Lua.

Somente a Paz, que ainda não existe, é que o pode levar à LUZ.

Somente na alma do asceta reina a Paz. Ele não quer mais do que tem. Não anseia tornar-se o que ainda não é. Não se angustia nem mesmo com a estupidez da humanidade. Não se filia a doutrinas que deva defender ou impor. Não persegue ilusões. Não teme a morte. Nunca se sente pobre. Não deseja poderes, honras, lugares, haveres... Não reprime. Não se reprime. Não se engana. Não engana. Não explora. Mas também nada tem e, se nada tem, não anseia aumentar ou guardar. Não se perturba, pois nada o ameaça. Não se ira, pois ninguém o pode ferir.

Ele só tem uma estrela a supri-lo com Infinito, Beleza, Justiça, Amor, Verdade, Beatitude...

Sua estrela é Ele mesmo.

Um louco, querendo ver o escuro, acendeu a luz do quarto.

As nações, as ideologias, os partidos... querem achar a Paz, e, para isto, armazenam megatons.

Não é a mesma tolice?!

Se o vagalume aprendesse a ficar quietinho, aceso, satisfeito, humilde e tranquilo, não haveria quem não o tomasse por estrela.

É bom ficar quieto, paciente, em silêncio, esperando a visita da Luz.

O vagalume tem luz, mas é ainda vaga.

Falta-lhe quietude. Silêncio já tem. E tem também o negrume da noite envolvente a servir-lhe de fundo, a realçar-lhe o fogo.

Aproveita, amigo.

Se estás só, aproveita.

Mergulha na solidão gostosamente como abelha na flor.

Desliga-te de todos os *meus*.

Esquece-te de quem pensas que és.

Silencia tuas ansiedades.

Perdoa quem te ofendeu.

Não chores pelo que perdeste.

Bem, agora senta-te quieto onde ninguém te chame.

Deixa-te ficar assim.

Vê teu interior.

Nada esperes. Nada aspires. Nada planejes. Esquece o tempo, o lugar, o corpo... Desliga-te de todas tuas âncoras, principalmente do *eu*...

É assim que a Paz toma conta da gente.

Em minhas meditações, chego a não mais sentir o corpo, e então dou liberdade à mente. Deixo-a dizer o que quiser, até aquietar-se. Ela me agradece por lhe ter aliviado o peso-carga do corpo. Este, por sua vez, goza de paz, livre que fica das intromissões da mente, no comum agitada de conflitos e tensões...

E eu, não sendo mente nem corpo, aproveito para ser o que realmente eu sou — Paz.

Que paz é esta que querem alcançar através da violência?!

Que paz é esta com armas de devastação?!

Como são tolos os que pretendem impor a paz aos outros e o fazem de punhos cerrados!

A Paz só existe no coração ameno de quem é manso. É a Paz no coração a condição para haver Paz entre as nações. Da Paz de cada um é que pode nascer a de todos.

Não são poucos os poderosos que prometeram: "Depois de conseguirmos a vitória nesta guerra, garanto-lhes que teremos paz."

Dos Mestres da Paz a História nem guarda os nomes. Mergulhados na Paz onipresente, ensinaram Paz, mas não conseguiram discípulos.

Se conseguires Paz, oferece-a aos outros. Mas não venhas a perdê-la com o desgosto por não te entenderem e por te perseguirem.

Os ruídos dos motores não te farão dano se teu coração já é silêncio.

As imundícies do mundo não te contaminarão se tua alma é pureza.

A agitação das multidões eróticas e neuróticas não chegará a perturbar-te, desde que hajas realizado teu Reino Interno, onde habita a Paz.

Adormeci à sombra da árvore.

Ao acordar, dourado pingo de sol dançava sobre meu peito.

Pensei que era *meu*.

Senti-me rico.

Quis agarrá-lo.

Meu gesto de cupidez assustou-o.

E a luz se foi.

Se queres a Paz, prepara-te para ela.

Há muitos que encontram paz no sentimento de bastante.

Satisfeitos com o que conseguem ser, ter e fazer, não lutam por mais. Não batalham pelo que lhes agrada ou interessa. Não fogem angustiados do que lhes seria ameaça.

É preciso ter uma boa dose de discernimento para, nesta equanimidade, não se corromper e entregar-se a um comodismo covarde e estagnado.

Para a maioria, só tem paz quem conquistou segurança. E segurança para eles significa ter cada vez mais, fazer e ser cada vez mais. Na luta por ser, ter e fazer mais, a Paz é a primeira a ser sacrificada.

A sabedoria diz como ser equânime e estar contente sem ser infecundo e inerte, horizontal e apático. Ela diz que há hora para agir e hora para meditar, hora de produzir e hora de descansar, hora de brincar e hora de austeridade. Ela nos ensina que antes de querer mudar-nos precisamos conhecer-nos.

O tolo, quando "aprendiz de santo", tenta impressionar usando máscaras de sisudez artificial. O santo mantém sua Paz sorrindo sempre. Na alegria, o santo demonstra o quanto é sábio.

O céu é um reino onde só entram os que querem entrar. Inútil é pretender forçar alguém a ir para lá.

A Paz nasce em cada um de nós depois que deixamos de fugir do que supomos ameaça e cessamos de buscar o que achamos que nos falta ainda.

É com a nossa Paz que podemos ajudar o mundo a realizar a sua.

Você não conseguirá seu mergulho na paz enquanto continuar descontente, seja com o que for, inclusive com a falta de paz.

Não há paz para quem não evolui.

Não há paz para quem anseia mudar.

Nisto não há contradição.

Pense e verá.

Mar plácido de enseada.

Muito azul e sereno.

Ave branca, voando muito alto, vinha calma, das ilhas do horizonte.

Vento inconsistente, quase nenhum, a refrescar o ardor do dia de verão.

No mar em paz, navios de guerra em formação desenhavam um símbolo da ameaça à paz.

A paz do mar.

A paz da ave a voar.

A paz da brisa passando.

A paz buliçosa da criançada gritando.

Tudo inútil.

Ninguém para aprender a lição fácil da paz.

Ninguém a rezar comigo pela paz.

Como proteger minha paz num mundo que não a quer?...

Com estes tétricos instrumentos tocando e mais a desobediência ao Regente, a sinfonia da paz não vai poder começar.

❧

Como é frágil a paz de quem se acovarda diante da perspectiva de vir a perdê-la.

❧

Estiara.

As estrelas haviam sido restituídas ao véu escuro da noite. E até parece voltavam lavadas pela chuva.

Eu ia sozinho e calado, tão feliz com o friozinho que fazia, ia tão silente e receptivo que acho que ouvi uma estrela dizendo a uma poça d'água da rua:

— Está bem. Eu fico contigo, sim. Mas só enquanto tu estiveres assim, tranquila.

❧

Aprendamos a tranquilidade.

A plenitude está ao alcance do indivíduo tranquilo, daquele que sabe sentar-se à sombra de uma árvore e ali ficar até parar o pensamento, para não perturbar a paz do campo.

A Paz é feita de silêncio. Como distribuí-la se tantos gritam de prazer ou de dor?

A Paz é tecida de quietude. Como partilhá-la com os homens atordoados em desvarios econômicos, doutrinários, psicodélicos, carnavalescos, eróticos...?

A Paz nasce de renúncia. Como a esperar de dominadores, conquistadores, cobiçosos, que exploram este mundo?

A Paz resulta do não eu. Quem está pronto para livrar-se do egoísmo?!...

Não haverá perfeita paz sem a Realização de Deus.

A paz de que somos capazes ainda não se fez.

Enquanto nos encontramos no estado de separatividade e ilusão, a paz que temos não é mais que passageira trégua dentro do perene conflito, da inquietude e do tédio dominantes.

Só em Deus a Paz é eterna, infinita, perfeita.

É-nos a um tempo convite e promessa.

Ironia: está em nós, e nós... E nós, quando a *seremos*?

Na ansiedade pela Paz Infinita, a humanidade chega a perder a limitada paz que já tem.

Há super-homens, sim.

E o são pela potência e pureza do amor, pela luz suprema da sabedoria, pela glória de servir.

Eles têm paz e querem ensiná-la ao mundo. Os super-homens dos megatons são na realidade infra-homens.

E o são pelo egoísmo, pelo ódio, pela ignorância e pelo medo.

Eles não têm paz e ameaçam o mundo com suas armas.

Os super-homens da paz são humildes e desarmados...

Não têm onde deitar a cabeça.

Não querem posições, posses, mandos e mundos.

Mas, um dia, por serem mansos, eles *herdarão a Terra.*

Se a bomba vier, que me encontre mergulhado na Paz.

Saber viver

SE PUDERES APRENDER DA experiência dos outros, poderás evitar lágrimas, remorsos, tristezas, perdas, desastres...

São raros os que preferem isto.

∽

A subida espiritual é árdua, muito custosa. Mas vale a pena.

Lá em cima, quanta paz! Quanta beleza! Quanta luz! Que felicidade! Que plenitude! Que poder!... No entanto, como é grande a queda dos que sobem muito, mas não vigiam!

Como é fácil cair de lá!

∽

Em meu corpo está escrito um endereço que, por prudência, todos os dias me lembro de reler — *chão*.

Se desejas o dulçor, não o supliques a Deus.
Cultiva flores e convida as abelhas.
Elas te agradecerão com seu mel.

O cachorrinho saiu do mar. Estivera nadando. Saiu e sacudiu-se todo.

Seria bom que nós, a humanidade, aprendêssemos a lição, isto é, a sacudir ressentimentos, ódios, medos, tristezas e todas as formas de impregnação psíquica que andam por aí, por onde andamos.

Que teu medo das trevas não seja tanto que te impeça de perceber que a luz já renasce.

Tenho pena de ti, pobre homem abastado. Tua riqueza, teus negócios, tua empresa não te deixam lazer; não te deixam aproveitar o contato fresco da aragem de primavera, que a montanha nos manda.

Tenho pena de ti, frágil homem de poder.

Eu vejo que não te sobra tempo para ficar olhando as ondas franjadas de branco alastrando-se na areia, alisando-a, embebendo-a.

Tenho pena de ti em teu maquinal viver.

Perdeste a sensibilidade. Não podes achar lindeza na gargalhada da menininha brincando com seu cão.

Larga um pouco teus compromissos e vem apenas ver um simples pássaro, silhueta serena a cortar a vermelhidão do ocaso.

Esquece teus lucros. Só um pouquinho. Vem redescobrir encanto nas coisas triviais.

Repara naquelas camisas coloridas, penduradas no varal. Vê como dançam com o vento brincalhão a tangê-las.

Vamos, estafado e rico amigo, larga um pouco tua ânsia por mais.

Volta-te — só um pouquinho! — para este necessário ócio gostoso e sábio. Vem deslumbrar-te com as múltiplas expressões do Onipresente.

Que tua ansiedade por ficar bom não chegue a fazer-te ainda mais doente.

Não peças a Deus que pare o vento. Se o vento parar, o barco não singra, o barco não chega... E o moribundo vai morrer sem ver o filho que o barco lhe levaria.

Se o vento parar, não peças a Deus que o agite.

Se o vento se levantar, vai apagar a vela que o filho, com piedade, pôs na mão do pai que vai morrer.

Acordem! Venham cá para fora! Venham para o sol! Que lindo alvorecer! Deixem a cama! Levantem-se! Não deixem que a luz se sinta inútil!

Que pena! Ninguém para ver o sol! Ninguém quer acordar! Quanta luz a se desperdiçar!

Todos dormem na penumbra!

Viver é para quem, mesmo na solidão, não se sente só, e até mesmo sem nada fazer não se sente vazio e inútil.

Não tentes *possuir* estrelas.

Ninguém pode ser dono de uma estrela.

Se tentares fechar uma estrela em tuas mãos ambiciosas — pode crer — ela deixará de o ser e tuas mãos secarão com o cadáver da estrela.

Deve haver estrelas para todos, todas as noites.

Não te revoltes. Não te abatas. Não sofras tanto, jovem.

Não foi a imperfeição que agora descobriste em teu pai o que te abateu.

A dor é porque, até agora, tu pensavas — imprudentemente — que ele fosse um santo, um herói, um sábio. No entanto, ele é apenas um ser humano, como eu, igual a ti.

Não deixem que a chuva se perca.

Ela tem muita fartura para dar.

Vamos, pessoal. Todos ao roçado!

Guarda teu violino. Não insistas. Ninguém te quer escutar. Não agridas com a maviosidade de teu instrumento, com a beleza de tua melodia, a batucada dos que desejam apenas divertir-se, atordoar-se. Espera. Depois, toca.

Mulher, sê esposa!

Mulher, sê irmã!

Sê filha!

Mulher, volta a ser mãe!

Mulher, volta a ser mulher!

E — quem sabe? — o mundo ainda se salvará.

Esta lista dos males que fizeste de nada te serve.

Organiza, isto sim, e agora, uma outra — a lista dos benefícios que deves fazer.

Não me peças os frutos agora.

Ainda estou a caminho.

Na volta do pomar, dar-te-ei quantos quiseres.

Agora, tenho a oferecer-te apenas companhia, e o faço com todo gosto.

Vamos?

Pretendendo, ingênua e inutilmente, proteger seus filhos dos dissabores, das adversidades, dos amargores, das crises, que a vida, naturalmente, tem para dar, alguns pais se empenham em construir-lhes míticos e belos nirvanas artificiais, que não resistem aos assaltos dos vagalhões que se repetem.

Que piedosa traição lhes fazem!

Se estás ajudando na expectativa de que te agradeçam, deixa de fazê-lo. Evita, assim, decepções.

Se o que fazes é pelo simples gosto de ajudar, continua. Já estás sendo pago.

Não te critiques com severas palavras ásperas, com juízos drásticos e sentenças negativas.

Só te prejudicam. E a mim entristecem.

Entristeço-me ao ouvir ofensas a quem tem minha amizade.

E não estou só.

Deus também se consterna ao ouvir condenações e pejorativos a um filho Seu.

Colocar Deus tão alto, lá no inacessível, e, simultaneamente, nós mesmos no mais tenebroso fosso da inferioridade e do pecado, embora parecendo reverência a Ele e humildade para nós, tem-nos feito tanto mal! E nem é reverência, nem humildade.

A rosa é suprema delicadeza, mas tem espinhos para defender-se.

Quem quer ficar bom não fica assim, sempre a esmiuçar e descrever sintomas.

Quem quer ser feliz não fica assim, em lamentos constantes.

Para teu bem, evita lamúrias.

Oferece a Deus tuas vitórias, mas também tuas frustrações e dores, e assim triunfos e derrotas, perdas e lucros, aplausos e maledicências serão vistos como são — fantasmas sem realidade, sem perenidade, sem capacidade de perturbar.

Não deixes na calçada a casca de banana. Afasta-a para a rua e continua teu caminho.

O desconhecido a quem evitaste a queda, por certo, não te agradecerá.

Mas, que importa?!...

Sem resignação impossível é ser feliz.

Ai daqueles que esperam, desejam ou supõem poder viver sem a presença de algumas lágrimas!

Sem coragem e resignação a felicidade não existe.

Sem coragem, a resignação pode ser apenas covardia. Não faz ninguém feliz a pseudorresignação dos que se dão por vencidos mesmo antes de a luta começar. O mesmo digo da resignação pelo inevitável imposta.

A resignação-bênção é a resignação-oferenda com que santos e sábios depõem aos pés do Senhor tudo o que são e o que ainda não são, tudo o que têm, bem como todas as carências de que padecem.

A felicidade é daqueles que continuam valentes, embora batidos, ulcerados, preteridos, despojados, desprezados, traídos, injustiçados... É daqueles que sempre se levantam do chão onde a adversidade os lançou.

A felicidade é patrimônio dos que limpam o sangue dos olhos para poderem continuar vendo o horizonte que os atrai.

O pranto, às vezes, é como a chuva tão esperada pela semente escondida no leito de humo.

Dele a vida pode brotar.

❧

Se continuares a te lastimar, protestando, e com pena de ti mesmo, a cruz te parecerá cada vez mais pesada.

Não a arraste. Para teus lamentos.

Corajoso, firme, levanta-a, e põe-na decisivamente às costas e verás que vais senti-la mais leve.

Cruz arrastada pesa muito mais.

❧

Quem pede está vazio.

Quem oferta tem para dar.

Não peças. Oferece.

Deixa o posto de mendicância.

Apanha a ferramenta.

Começa a poder dar.

❧

Não apares as ondas de peito aberto e pé atrás.

Quando vier a onda, mergulha ou mantém-te na crista, e vai até a praia, com a cabeça de fora.

Somente quando, serena e corajosamente, sem piedade, sem severidade, sem complacência para contigo mesmo, tu te aperceberes de que mentes, só então começarás a deixar de mentir.

Quando, da mesma forma, descobrires que tens medo, só então deixarás de ser um medroso.

Por uma lei infalível, cada um responde por seus atos, atraindo para si o bem ou o mal, a bem-aventurança ou a amargura, o riso ou o pranto, como consequência exata e justa...

É sábio nunca esquecermo-nos disto, pois estaremos sempre a atuar enquanto a vida dure.

Muitos dos que te convidam para a liberdade têm escondidas as mãos algemadas e, nelas, as algemas a ti destinadas.

O passado morreu.

O futuro ainda não nasceu.

Por que não viver consciente e plenamente o agora?

Quando se é honesto e leal, a melhor forma de cooperar é às vezes opor-se.

Não te entristeças.

Não há promoção para os que não passam nas provas.

Ninguém se liberta das dívidas não pagas.

Aprende a ver valor na dor.

Anseios

Diz-me o que pedes a Deus, e eu te direi quem és:

Se pedes — *dá-me, Senhor, a vitória sobre meu concorrente* —, és um egoísta, um imaturo, e ainda sofrerás muitas frustrações.

Se pedes — *dá-me, Senhor, uma saúde melhor para poder criar meus filhos* —, és pessoa responsável, e terás a ajuda de Deus.

Se pedes — *dá-me, Senhor, tua graça para que eu aprenda a amar-Te acima de tudo* —, és um devoto bendito e o Amor será teu Nirvana.

Se pedes — *dá-me energia e lucidez, Senhor, para melhor servir-Te na pessoa de meu próximo* —, és um servo de Deus e talvez chegues a encontrá-Lo até mesmo nas chagas de um teu irmão leproso ou no olhar último de um moribundo.

Se pedes — Senhor, *dá-me Tua Divina Luz para que possa eu te ver em tudo e em todos* —, és um sábio em plena busca, e terás a Paz na "Verdade que liberta", que é teu destino.

Se tu nada pedes e, em meditação, ficas em silêncio, és santo. Tens a sabedoria de ver prece no silêncio. Tu sabes que Deus fala quando tu não falas. Tua passividade e entrega permitem que "seja feita Sua Vontade". Tu, assim, omitindo-te, humildando-te, recolhendo-te, doando-te, O realizas.

Ter anseio pela Realização Espiritual é divino. Ter ansiedade por qualquer coisa, mesmo as espirituais, não é prudente.

Almas redimidas, reinantes no além dos aléns, vigiam e sofrem.

Sofrem pelo que somos, pelo que fazemos, desejamos, sentimos, dizemos e pensamos.

Sofrem pelo que sofremos.

Choram pelo que ainda não conseguimos ser, pelo que ainda não deixamos de fazer, pelo que nos esquecemos de querer, pelo pranto que ainda choramos, pelos desvios que inventamos e frequentamos, pelas destruições que multiplicamos, pelos conflitos que nutrimos, pelas pseudonecessidades que produzimos, pelos vícios que instituímos, por todos os desatinos, por nossos tontos destinos, pelas guerras, violências, domínios e predomínios, exclusivismos, perversões, diversões, pelo incêndio que estupidamente acendemos em nós, nos outros e no mundo.

As almas libertas têm ainda um "pecado" — o angustiante anseio de salvar-nos.

Ai de nós se elas renunciarem a tal anseio! Ai de nós se as convencermos da inutilidade de suas lágrimas espalhadas e visíveis todas as noites em cristalinas estrelas.

Se elas nos deixarem, para elas será o Nirvana.

Para nós... Nem quero pensar.

Aproveitei a maré baixa e visitei os recifes. Nas poças represadas sobre as pedras, vi canteiros de vida: jardins multicores de sargaços. Eram peixinhos miúdos, coloridos, parecendo joias travessas. Escutei ondas bramindo, batendo, incansáveis e imponentes, em negras pedras que pareciam eternas. Torres brancas de espuma salgada a se erguerem do embate das vagas bilhões de vezes repetidas, desde eras sem conta, adorando e louvando os deuses lá do mais alto. Senti na pele presença de sal, ardores de sol, batidas do vento.

Ali mergulhei e nadei, aproveitando as poças mais profundas.

Depois, sentei-me nas pedras e, gostosamente, deixei que sobre mim caíssem espumantes cascatas de água despejadas da arrebentação do quebra-mar.

Gozei farta refeição para meus sentidos ávidos de beleza. Aprofundei ao máximo aquela aventura estática, estética, poética e mística. Fiquei parado, calado, atento...

Fiquei tão estático que enganei peixinhos e iludi camarões, vagando descuidados em torno de mim. Mistificados, *pensaram* por certo que eu era mineral, e perderam o acanhamento e o receio. Confiantes e naturais, mostraram-se como são, na intimidade.

Deixei-me ficar. Deixei-os em paz.

Parado, cabeça ao sol e o corpo dentro do aquário natural, deixei-me embeber de gozo, enamorado de tudo, confundindo-me com tudo, amando o Todo.

Se pudesse, teria mesmo virado pedra. Para servir de universo aos peixinhos, caramujos, camarões... a todas aquelas formas assumidas pela Vida Universal.

Krishna, Sai Baba, Buda, Shânkara, Jesus, Babaji, Rama, São Francisco de Assis, São João da Cruz, Ramana, Ramakrishna, Santa Teresa, Yogananda, Chico Xavier, São João XXIII... vós todos — sedentos por Deus —, contaminai-me com a mesma loucura!

Vós todos — bêbados do Senhor —, dai-me do mesmo vinho que vos pôs assim!

Vós — saciados da Divindade —, dai-me da hóstia que vos alimenta!

Perdidos no Mar Infinito — tornai-me também um náufrago convosco!

Nossa alma é besouro ávido pela liberdade ampla.

A janela envidraçada da ignorância, que parece não existir, é que a retém, prende, limita, frustra... ao mesmo tempo que a convence de que já está livre.

Quero saber o Saber que liberta e me diz que Eu Sou Tu, identificando-nos, unificando-nos...

Quero amar o Amor redenção, doação, expansão...

Quero servir o Serviço sem apego, sem retribuição...

Quero doar o Serviço de quem sabe Amar e ama o Saber...

Quero aprender o Saber, o Amor, o Servir que o mundo precisa aprender para não se destruir.

✧

Tomara que as manchetes dos jornais se transformem radicalmente.

✧

Espero que não precisemos chegar a ver os escombros do mundo para concluir que a Paz só poderá resultar da pacificação de cada um, que a justiça será impossível enquanto alguém quiser tirar algo de alguém, seja liberdade ou dinheiro!

✧

A você, chuva cantante a encharcar a terra, matando a sede das plantas, meus agradecimentos.

Seja feliz, fogo alegre a espantar o frio da noite.

Seja feliz, foco de lâmpada a iluminar o papel ajudando-me a escrever. Você — filho da técnica e reencarnação científica da luz cósmica — receba meus agradecimentos.

Que sejam felizes compositores, poetas, sábios, lixeiros, amigos, pseudoamigos, pseudoinimigos...

Que tenham felicidade todos vocês: meus braços, meus olhos, minhas veias e artérias... Também todos vocês: mãe, esposa, irmãos, plantas, planetas, cascatas, desertos, templos, borboletas, ruínas, ondas, fundo de mar, algas, nuvens, algo desconhecido...

Abençoados sejam sorrisos, tristezas, lágrimas, febres, insônias, delírios, entusiasmos, esperanças, desilusões, nascimentos e mortes.

Sejam felizes todas as claridades que me ajudaram no caminho e todas as penumbras que me esconderam.

Que haja felicidade para vós, Invisível, Indizível, Imóvel, Imutável, Infinito Ser-Consciência-Bem-Aventurança...

Por que procurar-Te tão longe, se aqui Realmente És?

Por que chorar pelo reencontro, se nunca Te foste?

Por que tanto desejo de chegar algum dia a Ti, se perenemente És agora e sempre?

Por que — Onipresente — suponho-Te tão longe, num onde ainda inacessível?

Por que colocar-Te num futuro ainda inexistente?

Por que Te faço tão inefável, fora do alcance da busca?

Por que tão distante, tão insondável eu Te faço, se nunca deixaste de Ser aqui e agora?

Por que esta santa ansiedade sem razão?

Como seria bom se eu pudesse ser para todos um incessante sorriso, mesmo neste mundo onde não mostrar dentes e garras é quase temeridade!

Gostaria que os violentos se convencessem de que não são eles os capazes de instalar a Paz e a Justiça!

Gostaria de ser como a aranha, deixando após meus passos um fio de ouro brilhando ao sol.

Gostaria de ser como a água do riacho que lava e, com seu acalanto, faz dormir as pedras ribeirinhas e segue adiante, sem esperar agradecimentos.

Gostaria que minha luz viesse da fonte de dentro e nunca diminuísse por mais que se doasse.

Gostaria que meus pés tivessem maior reverência e gratidão para com a graminha em que eles pisam.

Gostaria de ser como o Sol, imperturbável e nobre, a esperar paciente que a chuva cesse.

Gostaria que os pássaros não sumissem das matas, as chuvas das plantações, de que a inocência não sumisse da alma das crianças, e de que não partissem dos corações idosos algumas esperanças.

Gostaria que a técnica continuasse a crescer, mas pedindo licença e conselhos à ética.

Gostaria que Jesus não continuasse crucificado por tantos séculos.

Gostaria que Jesus não se sentisse tão sozinho, tão traído, tão comprado e vendido, tão esquecido, tão mal interpretado.

Gostaria que ninguém mais temesse a morte, que mais ninguém pensasse na morte como o fim, e assim a morte morresse, dando lugar à Eternidade.

Gostaria que, antes de praticar seus crimes, os perversos descobrissem o mal que a si mesmos vão fazer, que os poderosos descobrissem o quanto são frágeis; os orgulhosos, o quanto são nada; os deprimidos, o quanto são injustos com Deus.

Gostaria que os que praticaram suicídio pudessem revelar aos outros as insuportáveis consequências da pseudossolução que tentaram.

Gostaria que todos soubessem que ninguém consegue esconder-se dos resultados de suas próprias ações, de seus pensamentos e desejos, por mais escondidos que sejam. Nenhum abismo oceânico, nenhuma distante galáxia é esconderijo bastante.

Gostaria que ninguém se esquecesse de que, sendo Deus Onisciência, é inútil desejar que Ele desconheça o conteúdo de nossos supostamente escondidos pensamentos, de nossas ações pretensamente clandestinas.

Gostaria de nunca me julgar autor de qualquer coisa ou portador de qualquer mérito.

Gostaria de sempre lembrar que sou apenas instrumento rude nas mãos do Artista que Ele É.

Gostaria de saber profundamente as leis divinas e, assim, não precisar dizer tantos *gostaria*...

Busca, Verdade, Deus

A VERDADE QUE LIBERTA — promessa e realidade — é uma forma superior de perceber, apenas alcançada pelos poucos que transcendem os limites da mente intelectualizada e renunciam à erudição acumulada.

Libertação ou Paz é para os que deixam para trás a barreira dos aparentes e impermanentes, e conseguem chegar à fonte-essência das coisas.

— Você acredita em Deus?

— Infelizmente, sim.

— Infelizmente???!!!

— Se apenas *acredito* é porque infelizmente ainda não O consegui saborear.

Quando me for possível *vivê-lo*, será preciso acreditar?!

Quase chegando à foz, os rios têm sabor de mar.

É assim que santos e sábios, mesmo sem dizer uma palavra, ensinam tanto sobre Deus.

Quase todos afirmam a Onipresença de Deus. Dentre esses, raros, no entanto, A realizam. Pois ainda O estão buscando.

Procuram-No em ignotos abismos cósmicos, em transcendentes conceitos, em afastados futuros ansiados.

Quem somente *acredita* na Onipresença faz assim.

Quem A *realiza*, não O procura em nenhum *onde*, em nenhum *quando*, pois só o ausente é objeto de busca.

Fraqueza, angústia, insegurança, amargor, desalento e demais misérias humanas são criados pela distância entre o que supomos que somos e O que Realmente É nosso Ser. É distância-espaço. Distância-tempo. É distância feita de ignorância, alinhavada de egoísmo.

Hoje estou mais próximo de Ti, Inefável, pois já está para trás minha infância espiritual, quando eu ainda Te temia.

— Você admite que Jesus é mesmo Deus?!
— Ele É. Aliás nós também somos. Você, eu... somos.
— Heresia!
— Se não temos a perfeição de Jesus e a plenitude de Deus; se somos mortais, falíveis, limitados, indigentes... é porque não realizamos a Verdade que somos e que Ele nos ensinou.

Quando eu disse ao caroço de laranja que dentro dele dormia um laranjal inteirinho, ele me olhou estupidamente incrédulo.

O que os poetas veem nos crepúsculos afogueados é o mesmo que os sábios surpreendem nas leis que regem átomos e universos, e os místicos escutam na voz do silêncio, que fala de dentro do coração.

As enchentes devastam cidades e plantações.

As lavas do vulcão espalham morte e terror.

Mas tanto as enchentes quanto as lavas enriquecem o solo, trazendo boas colheitas.

Deus é assim.

Constrói enquanto destrói, enriquece enquanto despoja, afaga enquanto castiga...

E é assim que a felicidade pode ser-nos dada através de muito pranto.

Deus é assim.

Só aos que se dispõem a morrer, Ele concede a Vida que não cessa.

Só aos que não se desesperam ou se rebelam, Ele dá a Paz, a Paz que Ele mesmo É.

Em plena era espacial ainda há pretensiosos teóricos que tentam tolamente fixar e limitar Deus nas malhas de seus bem urdidos silogismos.

Algum pescador já conseguiu prender o mar nas malhas de suas frágeis redes?

Alguém já conseguiu segurar os ventos?

Algum gênio já logrou guardar para si a luz do sol?

∽

De Ti eu sei, Verdade, que não és o que sempre me ensinaram, nem o que li, nem o que sinto, nem o que percebo, nem o que resulta de minhas reflexões.

Que és?

Quem sou?!

∽

Hoje me sinto mais perto de Ti, Realidade, pois já não sou tentado a ver-Te apenas em minhas horas de festa, êxito, saúde, saciedade, lucros, aplausos...

∽

Chegar a Deus é simples.

Basta que tenhamos por Ele a mesma avidez que o peixe fora do rio tem por ser devolvido às águas.

A Verdade é dos simples, dos humildes, dos corajosos, dos desdogmatizados, da mesma forma que a chuva é do chão.

Deus está na explosão cósmica a gerar mundos e também na chaga pútrida do leproso.

Por que não?!

Quer dizer que o Onipresente está ausente de algo?!

Nunca O encontrarão os que escolhem apenas suas manifestações mais grandiosas e amáveis.

Quem não tem coragem de adorar o que, normalmente, não é adorável, que direito pode ter de afirmar a Onipresença?!

Tomara que não demore a tornar-se ontem o tempo em que teóricos, teólogos, eruditos, crentes, fanáticos, sectaristas, de tanto esmiuçarem seu particular caminho, preocupados em provar ser o único, perdem de vista a Meta a que todos os caminhos conduzem. Maravilhoso será o mundo quando as muralhas da vaidade arrogante e dos interesses paroquiais desaparecerem, possibilitando aquilo que Deus é: *Unidade*.

Desgraçados os fanáticos que ainda mutuamente se combatem em nome de Deus!

Quem defende a *sua verdade* perdeu a capacidade de realizar a Verdade.

Ο imaturo, iludido, acredita que ele é seu próprio corpo. E, assim, o corpo lhe é cárcere, dono e tirano.

O aspirante à Verdade reconhece que seu corpo é animado pelo Espírito. E, assim, luta.

O sábio sabe que ele é Espírito utilizando um corpo. E, assim, se liberta.

Triste mundo onde ainda quase todos vivemos insensíveis à miséria dos ricos; à fragilidade dos violentos; à torpeza dos valentes; à ignorância dos eruditos; ao tédio dos eróticos; à indigência espiritual dos malvados; à dúvida dos dogmáticos; à insegurança dos opulentos; à insegurança em torno da prostituição; ao desalento dos fortes; à imaturidade dos corruptos; às lágrimas que os sorrisos, em vão, tentam esconder; aos dramas que as comédias disfarçam...

Que mundo triste esse, no qual nos distraímos com as aparências, iludimo-nos com as máscaras, divertimo-nos com as fantasias e pantomimas que todos representam!

Quem tem senso não depende de incenso.

Sem senso, como chegar à libertadora Percepção?!

A porta de acesso à Verdade é estreitíssima. Por ela não conseguem passar os que levam a volumosa bagagem de seus preconceitos.

Ninguém chega à Verdade se está iludido. É bom aprender a amar a desilusão. Se te traírem, agradece. A traição te deu maior liberdade e mais proximidade da Meta.

Se teus "mestres", teus dogmas, tuas confortadoras convicções ruíram diante da evidência, não te lamentes.

Agradece aos céus que estão te ajudando a afastar o entulho que atravanca o caminho.

Pisa os fantasmas das antigas crenças como guerreiro engajado na batalha pela Verdade.

❧

A verdade dos outros merece meu respeito. Nem sempre minha adesão.

❧

As verdades que dão segurança e conforto nos retêm. A Verdade é a única libertadora.

❧

Não me perguntes o que é a Verdade. O que eu te pudesse dizer já não seria. Fica sabendo — *ninguém diz a Verdade.*

∽

Já li muito sobre a Verdade.
Muitos tentaram dizer-me o que é.
Agora, chega.
Preciso tornar-me Verdade.

∽

A natureza é um livro aberto — dizem sempre. Mas, quem é que sabe ler esse livro?!

∽

A ponte que franqueia o Reino é frágil demais. Não resiste ao peso da vaidade dos intelectuais, do baú dos ricos e das glórias dos conquistadores.

∽

Decide enquanto é tempo: tu tens mesmo coragem de procurar a Verdade? És capaz de abrir mão de algumas *certezas*? Queres mesmo a Verdade ou apenas ganhar algumas coisas como dinheiro, segurança, fama, conforto...?

❧

São as muitas lágrimas derramadas que limpam os olhos, preparando-os para ver.

Mas a Realidade não pode ser vista enquanto os olhos não secarem.

❧

Depois que o sol aparece, não há por que continuarem acesas as lâmpadas que os homens inventaram.

❧

Não te contentes com o mapa.

Encoraja-te.

Lança-te ao mar.

Vai para o Reino que o mapa apenas representa.

❧

Cala teus belos e brilhantes argumentos. Não insistas em querer provar que lá fora o dia está nublado, sem cores, sem brilho, sem flores...

Vence a sedução do conforto. Sai da cama. Vai à janela. Abre-a. E a invasão do sol te convencerá de que estás errado.

Ânimo. Renuncia a garantias, lógicas, dogmas, certezas e preconceitos. Abre-te para a luz.

Quanto tempo andei perdendo, Mãe Divina, supondo que estavas longe de mim!

Não ores, pedindo algo à Absoluta Sapiência. Ela bem sabe o de que precisas e o que te é devido.

Não pretendas ensinar à Onisciência o que deve fazer.

Quando orares, não fales.

Deixa que Deus fale.

Teu silêncio devoto é convite a que Ele fale.

Escuta-O.

Deus parece que se esconde daqueles que O procuram trazendo um rótulo, uma régua, uma tabela e uma pretensiosa definição dogmática.

A Verdade é sutil, mas não consegue atravessar as muralhas de erudição e dogmas com que certos homens se protegem.

Toda a moeda tem duas faces.
Por que insistes em ver apenas aquela que te agrada?

— Se Deus é perfeito — argumentava o agnóstico pedante — por que não fez o mundo perfeito?
— Que é ser perfeito?
— Entendo como perfeito...
— Que pena Deus não ter te consultado antes de fazer o mundo!

Há verdades que ajudam a encontrar a Verdade, desde que não sejam tomadas como definitivas. Da mesma forma, há santos que ajudam a chegar a Deus, desde que não se façam passar por deuses.

Milhares mataram e milhares morreram defendendo ou impondo verdades que hoje já não o são.

Eis algumas perguntas ociosas:
— Que quis Deus criando o mundo?
— Deus é masculino ou feminino?
— É branco ou preto?
— Onde está?
— Como o definir?
— Como demonstrar que existe?
Juízos, palpites, raciocínios, tratados, discursos, teologias... podem ser tentados, mas tudo em vão.

Tudo o que se fizer fica parecendo discurso de analfabetos sobre as abstrações da física quântica.

O sinônimo de Satã é sectarismo.

Como é árduo o caminho e longa a caminhada para quem não quer andar!

No fundo de nossas almas, e não em nossas palavras, é que está dito se somos crentes ou ateus.

É com raciocínios bem argumentados que os teóricos constroem suas verdades.

É com discursos caprichosos e pedantes que as divulgam.

É com silêncio que os sábios realizam a Verdade.

É com silêncio que A ensinam a seus raros discípulos

Se te contentas com os frutos ainda verdes, toma-os Leva-os, quantos quiseres.

Se o que desejas, no entanto, são os mais saborosos, maduros, bonitos e suculentos, deverás ter paciência.

Senta-te sem ansiedades.

Acalma-te.

Ama, perdoa, renuncia, medita.

E guarda silêncio.

Aguarda.

Os frutos vão amadurecer.

Se Deus é expulso de nossos prazeres, como pedir que compareça em nossos pesares?

Todos riam de um bobo que estava medindo a distância entre duas cidades usando um pauzinho de fósforo.

Ninguém zomba dos vaidosos a quererem definir Deus com o instrumentozinho insignificante que é o intelecto humano.

Na infância, a gente pede: — *Eu Te peço, meu Deus.*

Na adolescência, a gente ama: — *Meu Deus, eu Te adoro.*

Na maturidade, a gente serve: — *Deus, usa-me.*

Na sabedoria, que não tem idade, a gente se identifica: — *Eu sou Tu; Tu és eu.*

❧

O viajante nunca está só.

Anda sempre com ele o desejo de chegar.

❧

A força de nossos preconceitos dá-nos conforto e segurança. Mas será que não nos impede de conhecer a Verdade?

❧

Chega à Verdade aquele que:

— dá o vazio de tudo que tem pela plenitude do Nada;

— troca o concreto do existir pelo abstrato do Ser;

— prefere o suposto irreal do Espírito à suposta realidade da matéria;

— deixa a liberdade do mundo pela servidão a Deus.

Serão sempre indigentes da Verdade aqueles que procuram compensar sua escassez de *Ser* com a exorbitância do *ter*.

❧

Depois desta última verdade *infalível*, podes ficar certo, vão tentar impingir-te outras últimas e infalíveis verdades...

❧

Se em teu surrão levas todas as tuas queridas crenças, para que visitar o pomar da Sabedoria?! Não tens lugar para mais nada.

❧

Antes da presença completa do sol, rubros clarões fazem promessa, cantam prelúdio ao esplendor que virá.

Sem este preparo nossos olhos ficariam ofuscados.

Na busca da Verdade o mesmo acontece.

É o Infinito meu destino.

Dele nasci.

Para Ele nasci.

Buscando-O, quero viver.

Por que o finito me atrai tanto?

Por que me arrasta e conduz?

Por que ainda me prendo às aparências, aos fantasmas, aos apetecíveis, às belezas falazes que encontro na estrada?

Por que os espinhos ainda conseguem me ferir?

Por que os gorjeios ainda me detêm?

— Este é o lamento da alma do homem-mundo, do pobre homem de todos os tempos, de todos os reinos.

Só o sábio sabe dizer *não sei.*

A certa altura de minha vida, o Deus feito à imagem e semelhança do ser humano, em que já não podia crer, foi dispensado de sua função de dar-me conforto, apoio, segurança e até mesmo castigo.

Era o Deus que a catequista da infância, bondosa e ingenuamente, me ensinara.

Era um Deus *de plantão*, egoisticamente construído por milênios de fé imatura, concebido para atender a necessidades tipicamente imaturas, inclusive à necessidade de crer.

Um cético ao sábio Sivananda:

— O senhor já viu Deus alguma vez?

— Deus está à minha frente, perguntando se já o vi alguma vez — respondeu tranquilo o *yogui*.

A humanidade é vítima de muitas ilusões.

Algumas são responsáveis por tormentos, doenças, inferno e morte.

Eis as mais nefastas:

— *Eu sou dono destas coisas.*

— *Só acredito no que vejo.*

— *O mal que te feriu a mim não vem.*

— *Minha religião é a única verdadeira.*

— *Meu partido é o melhor.*

— *Minhas ideias estão absolutamente certas.*

— *Já sei o bastante.*

— *Eu me conheço muito bem.*

— *Não sou egoísta, ignorante, vaidoso...*

— *Sou totalmente livre.*

— *Sou um mísero pecador.*

— *Eu envelheço, padeço e morro.*

— *O que sou devo a mim mesmo.*

Estes são os mais frequentes e funestos embustes que aí estão a infelicitar a humanidade e cada um.

Ao homem-mundo de todos os tempos e de todos os reinos, o Mestre ensinava a orar:

— Ensina-me, Senhor, a amar-Te na morte, pois na vida é mais fácil. Ensina-me a encontrar-Te na feiura, pois na beleza é mais simples.

Ensina-me a ver-Te em quem de mim não gosta, pois sei que estás na pessoa que me ama.

Ensina-me a louvar-Te quando em plena desventura, pois a felicidade, bem sei, és Tu mesmo.

Ensina-me a realizar-Te em mim, pois já consigo deslumbrar-me com Tua presença flagrante num céu cheio de estrelas.

Até agora não escutaste a voz de Deus em tua alma.

A razão é esta:

Até agora não conseguiste que ela parasse de gemer suas aflições e cantarolar seus prazeres.

Só o silêncio de tua alma permite a Deus falar.

Aparências e realidade

O QUE CONSIGO PERCEBER não é exatamente a Realidade.

O que consigo pensar não é exatamente o que percebo.

O que consigo ensinar não é exatamente o que penso.

Como posso ensinar-te a Verdade?

Por que teimas em recebê-La de mim? Por que não fazes como eu? Ando buscando-A a cada instante e em tudo, principalmente dentro de mim.

Busca-A também, mas sem o desejo de iludir-te com aparências sedutoras.

O mundo que nos rodeia só é realidade na medida em que nos identificamos com ele, pois é ele que nos impinge dor ou prazer, alegria ou pesar, doçura ou amargor, segurança ou medo, euforia ou tédio.

Desde que vamos podendo desmascarar as ilusões, vamos chegando à equanimidade do espectador amadurecido, que vê a novela, mas não se deixa por ela afetar.

Tanto o sentimento de inferioridade como o de superioridade são próprios do imaturo, isto é, do egoísta.

Desiludir-se não é ruim.

É libertar-se. É nascer. É caminhar. Os iludidos ou irão para o inferno ou já estão lá.

Só as desilusões desbloqueiam a estrada. Deus abençoe minhas redentoras desilusões.

Em seu estado vulgar, a mente toma as aparências por realidade e julga o real uma impossibilidade.

A Realidade dá existência aos aparentes e estes escondem-Lhe a essência.

❧

O otimista não vê a Realidade.

O pessimista também não.

Veem apenas o que querem — as aparências que lhes confirmam os preconceitos.

❧

O Real nunca está ausente.

Está somente velado por suas próprias expressões no mundo perceptível.

A Sabedoria descobre o Real embuçado no manto enganoso dos aparentes.

Estes são como que parábolas a revelar o Real àquele que busca a Verdade.

❧

As faiscantes escamas inquietas que o sol da tarde arrepia na superfície da enseada são enganosas e lindas, mas também efêmeras.

Nós, embevecidos, gostando de vê-las, ficamos parados, romanticamente mistificados, a desejar que sejam reais e nunca se acabem.

❧

É o crédito que damos às aparências que lhes atribui realidade.

❧

Nebulosas, constelações, estrelas, letreiros luminosos na imensidão que transcende dimensões e a própria imaginação...

Em vós posso ler sobre Aquele que vos acende todas as noites.

Brisa fresca, nem me tocaste ainda. Mas eu já te sinto em mim, com o ver ao longe tuas carícias na epiderme enluarada da lagoa.

Não preciso ver a aflição do peixinho que as ondas escondem. Basta-me ver o trágico mergulho elegante da gaivota que o vai pegar.

Vendo apenas a palhinha no bico do pardal, sinto a tepidez do ninho e nele, a presença do amor.

Da mesma forma, para mim: a sombra afirma a luz; a fumaça, o fogo que está lá atrás da serra; o efeito proclama a causa; o finito, o Infinito; o transitório, a Eternidade...

O que escuto canta para mim a canção do Inaudível.

Nunca, Realidade, estás ausente.

O pecado e a dor existem porque não Te vemos, embora estejas onipresente em tudo que Te oculta.

Na ansiedade da procura, é-nos impossível ouvir-Te, ó Silêncio!, no tumulto sonoro que Te revela.

A ilusão nos mostra muitos mares.

Na Realidade, porém, há apenas o Mar.

Todos os mares nada mais são do que o Mar único, usando diferentes nomes, tendo feições e definições diversas.

A Realidade do Mar só se encontra muito além dos nomes, transcendendo todas as formas. É livre de todas as definições.

O Universo é Maya. O Universo é tão diverso!

O diverso é a máscara do Uno, como o tempo é a do Eterno.

A forma é esconderijo concreto do Abstrato.

O finito é a aparência limitável do Infinito.

Tudo que conseguimos perceber é Maya, que é a vestimenta do Inefável.

❧

A corrida pelos acréscimos faz-nos perder o rumo do Reino, para onde devemos ir.

❧

Lá das nuvens, as coisas pareciam ínfimas e sem valor.

Mas o avião começou a descer...

Foi descendo, descendo... E o chão crescendo, crescendo mais; crescendo para receber-nos.

O chão nos recolhia, abraçando-nos, absorvendo-nos...

As coisas, então, foram crescendo, aumentando, abafando-nos, envolvendo-nos, reduzindo-nos, possuindo-nos, consumindo-nos...

Agora, de novo, aqui embaixo, nós é que ficamos ínfimos, absorvidos, perdidos, amesquinhados, sem valor, dominados pelas coisas que cresceram...

O Real não é triste nem alegre. Nem claro nem escuro. Nem bem nem mal. Não é riqueza nem miséria... Mas é tudo isto também, porque suas aparências o são. E são porque nós acreditamos nelas.

É preciso afastar as plantas aquáticas que cobrem o poço, sem o que não pode ser vista a água que elas escondem.

Aquela jovem, linhas bonitas e sorrisos fáceis, vida-promessa, é uma expressão do Absoluto.

Este velho, pobre resto de vida, escombro de gente, em sua miséria fétida, com sua feiura e dor, também é expressão do Absoluto.

Os iludidos limitam o Infinito, e acham que está em alguns, noutros não; que está em certos lugares e não noutros.

Os iludidos não conhecem o milagre da equanimidade.

Os "que têm olhos de ver" veem o Invisível sob todas as aparências, sejam atraentes, sejam repelentes. É por isto que as perdas não os deprimem nem os lucros os corrompem.

Ao morrer, podemos levar alguns valores. Outros não podem ir.

Os primeiros são os da Realidade. Os últimos, os que mais diligentemente desejamos, são os valores das aparências.

Já é sabedoria orar assim:

— Desfaz, meu Deus, as brutas cadeias de ferro de meus pesares e também as ricas correntes de ouro de meus prazeres. Só assim serei Livre.

O sol banha de luz o rico e o pobre; aquece o mendigo e a elegante.

O verme de cemitério também não se impressiona com aparências. Trata de igual maneira o rico e o pobre, o mendigo e a elegante.

O céu está lá no alto, muito alto, nos abismos siderais.

O chão, cá embaixo, muito baixo, chão demais.

Mas o chão fala alto. É tão eloquente, tão envolvente e insinuante e tanto nos ilude, que o céu é esquecido, lá no alto, sem que alguém o queira ver.

O céu está lá no alto, muito alto, nos abismos siderais.

Enredados na teia dos aparentes — agora gemendo, depois desvairados de prazer — os imaturos vivem tentando evitar desencantos, desenganos, desilusões.

São os enganos suas frágeis seguranças. E é por isso que os desenganos lhes são dolorosos.

Os imaturos gostariam de sempre ficar enganados. As desilusões, que o sábio aproveita, a eles fazem sofrer.

Gostaria que todo mundo descobrisse que desencanto quer dizer livrar-se de encantamentos frustradores; desilusão significa libertar-se das ilusões que nos desviam do caminho; desengano é o que evita que continuemos enganados.

Vale a pena pagar o preço.

Se eu pudesse, fundaria uma nova religião. Chamá-la-ia *desilusionismo*.

O Real é a meta.

É o tesouro dos que persistem.

Os acomodados ficam apenas com as frustrações dos efêmeros, das aparências, com os falsos consolos de tudo quanto impede o alcance do Real.

Não te iludas ainda mais pensando que o aparente é a antítese da Realidade.

Nenhum aparente existiria sem uma Realidade-Essência a fornecer-lhe existência.

Cada aparente tem em si a Realidade, embora velando-A.

É tolice buscar a Realidade Infinita longe, muito longe, no inverso ignoto da finitude dos ilusórios do mundo.

Não tomes Deus por um antimundo, nem O Eterno como um antitempo, nem o Absoluto como um antirrelativo.

A lição da Vida é presente nas malhas dos aparentes, sujeitos à morte. O Abstrato é palpável no universo dos concretos.

Qual é a realidade de mim mesmo debaixo deste amontoado de aparências e impermanências que tenho suposto ser e que me impedem *Ser*?!

O fulgor da Realidade queimaria os olhos despreparados. É por caridade que concede envolver-se de aparências. Faz como o sol que, para não encandear o viajante, veste-se de névoa.

Porque a chama do fósforo está tão perto de teus olhos, ela te parece mais real e mais potente do que a luz das estrelas, que a distância apaga e ela consegue ofuscar.

Por ser tua dor tão íntima, tão tua, consegue esconder a onipresença da Bem-Aventurança, que nunca deixou de ser tua própria natureza real.

O sábio não maldiz desiludir-se, pois sua segurança nunca se fundamenta em confortáveis engodos.

Alguns se deleitam nos jardins do caminho.

Outros desistem de andar, batidos e abatidos pelas agruras da estrada.

Enfeitiçados pelo agradável ou amedrontados pelos fantasmas do dissabor, quase todos ficam por aí, presos pelos aparentes.

Aos que gozam, a sugestão — prossigam.

Aos que sofrem, o conselho — continuem andando.

Persistência e equanimidade é que desvelam o Real.

Já consigo vislumbrar que estou preso num encantamento, que me convence que sou um *euzinho* ranzinza, trabalhando, dividido, agitando-se em lutas e fugas.

Começo a sentir que Eu Sou o próprio Gênio Bom a restituir-me à divindade que Eu Sou.

Há cerração pesada cobrindo toda a baía.

Manhã triste e cinza, sem brilho.

Manhã que acentua distâncias com pobre beleza sem calor...

Mas, lá além, sobre a bruma, há um sol. A bruma não resistirá a ele.

Como é bom saber que há um sol que afastará o frio e desfará o nevoeiro!

De tanto temer a tempestade agitando os vagalhões, os iludidos — pobres cegos — não conseguem imaginar a grande paz do fundo do mar.

O vendaval a destruir as casas não deixa ver a calma imperturbável reinante no cosmo.

Alegria, sofrimento, morte

A DOR FOI A salvação do *filho pródigo*.

Ele mesmo me contou:

— Sangram-me os pés pelo muito que vaguei. Para trás ficaram caminhos e ilusões. Ficaram perdidos nos milênios, nos reinos, nas aldeias, albergues e mercados...

Do sangue de meus pés ficaram marcadas as pedras e a poeira. Meu rosto chorou por onde passavam os porcos.

Naquelas mesmas estalagens onde, rico e forte, alegrei amigos, depois, desgraçado, passei fome, enquanto via os outros comerem.

O tinir de minhas moedas — as que me dera meu Pai — atraíra companhias prazerosas. Estas, depois, me viraram as costas, quando, em vez de moedas, lágrimas me restavam. Ficou-me somente a companhia da dor.

Dos subterrâneos de minha indigência, quase em desespero, consegui ainda ver uma luz.

Era a saudade de meu Pai. A reminiscência do Lar. Era o que Eu Sou e me esquecera de ter sido.

Foi o extremo da desgraça que me descerrou os olhos, e me deixou ver novamente a luz: Convite — Esperança — Desafio — Salvação.

Revolvi-me na lama da servidão.

Rebelde e chorando, lutei.

E quantas vezes caí vencido!

E quantas vezes o charco me abraçou a convencer-me de que eu era dele!

E quantas vezes minhas feridas sangraram com o atrito das correntes!

Mas, crescia em mim o apelo da Luz, do reencontro...

As correntes já ficaram no charco.

Eu volto para onde os milênios me viram nascer.

Bendita dor que me abriu o caminho das estrelas!

Temer a dor é covardia.

Tentar fugir, tolice.

Fazê-la nos outros, sadismo.

Alimentá-la em si mesmo, masoquismo.

Revoltar-se, imprudência.

Compreendê-la, amaciá-la em aceitação é sabedoria, fortaleza, redenção.

A dor aí está. Não adianta fugir.

Prazeres grosseiros e baratos, venais e efêmeros, são usados como analgésicos.

Analgésico é fuga.

Os analgésicos viciam, condicionam e iludem.

O bem e o mal são efetivamente relativos.

Para o dono da casa funerária, por exemplo, uma epidemia que mate muitos é tão rendosa quanto uma boa safra para o agricultor.

É bem tolo aquele que, iludido, procura suprir a ausência do Bem acumulando muitos bens.

No fim... desilusão.

Felicidade não é sinônimo de prazer nem antônimo de dor.

Os sábios, em pleno sofrimento, ainda são felizes.

Os vulgares, embora embebidos de prazer, ainda se sentem desgraçados.

Assim como o calor do sol é necessário para amadurecer os frutos da mangueira, certos padecimentos e despojamentos constituem forma eficaz de amadurecer certas almas rebeldes.

A falta de pernas faz nascer asas no homem. Isto é, no verdadeiro homem.

Os sofrimentos são às vezes desafios. Doutras, amortizações. Doutras, divina ajuda para que a alma se enriqueça de experiência e se enrijeça na têmpera.

Em todos os casos, o sofrimento é aliado dos que o sabem compreender e aproveitar.

O sábio não busca, mas também não teme a dor. Aceita-a, se preciso.

O masoquista busca-a, em seu desvario.

O covarde se desespera. E o desespero é o que o maltrata.

❦

O melhor tratamento para nossos olhos que choram é o sorriso de nossos próprios lábios.

❦

Um dos piores assassinos é o medo de morrer.

❦

Às vezes penso que Deus andou martirizando a vida de justos e santos para que nos pudessem dar necessária lição de coragem, de paciência, de equanimidade e de resignação.

❦

Todos sofrem.
Uns menos. Outros mais.

Há os que tiram proveito da desventura e continuam avançando.

Outros tentam fugir, e na fuga, se despedaçam nos escolhos dos desvios.

Quem sabe manter-se sereno nos dias de glória, vitória, lucro e aplauso também sabe resistir ao desespero nos dias de luto, derrota, perda e calúnia.

Autopiedade é fermento da dor.

Prazer não é antídoto de dor.
O que nos reduz o sofrimento é a equanimidade.
O que nos fortalece é a coragem de aceitar.

A luta ansiosa pela felicidade é o que dá infelicidade a muita gente.

Se os frutos são amargos, não culpes alguém.

Antes indaga de ti mesmo sobre que sementes an daste semeando.

Sentir angústia é ouvir a Voz a chamar num convite paternal de regresso ao Lar.

Morte, eu já não te temo.

Para mim não és o fim.

És epílogo, sim. Mas desta existência somente.

Sei também que és pórtico para uma nova experiência.

Mortos são os que acreditam em ti e desconhecem a Vida.

Naquele tempo eu não conseguia ver a graça de Deus manifestando-se naquilo que eu, ignorante, quase pensava ser desgraça.

Angústia — este privilégio do bicho homem — em si, não é infelicidade. Só chega a ser infelicidade na medida em que o angustiado, por ignorância e autopiedade, a enfrenta em mísero estado.

Quando aceitares que a Realidade tem frutos e também espinhos, não sofrerás seja com a ausência daqueles, seja com os ferimentos que estes abrirem em tuas carnes.

Ninguém consegue fugir das consequências de seus atos.

Agarradas a nós, obrigam-nos a carregá-las.

Aí está o segredo de ser feliz ou desgraçado.

Não lamentes a rosa que se despedaça ao vento. É seu destino.

Olha novamente para a roseira e alegra-te pelas muitas que ainda tem para dar.

Assim falava o sábio:

Se amanhã souberes que me amputaram um braço, que a luz deixou meus olhos, que um ser amado partiu, que fui abandonado e um amigo me traiu — não me prejudiques com tua piedade. Nunca me dês condolências. Vem visitar-me apenas. Tudo que recebi tenho de devolver. Tudo que em mim nasceu, um dia vai morrer. É a Lei. E a Lei não se deve lamentar.

Queres mel ou ferrão?
A abelha tem os dois para dar.
Escolhe. Aprende a pedir.

É hora de aprender o desapego.

Que as coisas que perderes, as amizades que se forem, que vão sós. Que não arrastem também tua tranquilidade e um pedaço de teu coração.

Quando é grande nossa fé, Deus faz o milagre de transformar em flores os punhais que nos atiram.

Bom dia, meu Deus.

Quero ser hoje melhor do que fui ontem.

Ensina-me a pronunciar Teu nome cada vez que respirar.

Quero ser Teu companheiro o dia inteiro.

Nisto estará minha alegria.

Boa noite, meu Deus.

Arrebata-me no eclipse do sono.

Faze de mim o que quiseres.

Leva-me contigo.

E assim serei feliz.

Encontrei-o ontem. Está rico.

Ganhou tanto dinheiro, tanta posição que...

Não tem mais aquela vida simples.

Coitado!

Perdeu alegria, saúde e paz.

Aqui está uma forma de te conservares forte:

Quando alguém te perguntar — *como vais?* — independentemente da condição em que estiveres, responde sorrindo:

— Vou bem. Não vou melhor para não fazer inveja!

A queda das flores não consterna a árvore.

Ela sabe que se as flores não morrerem, os frutos não nascem.

Se os grilos cantam de noite e os pássaros ao alvorecer, é que têm suas razões.

Descobre também as tuas, e deixa tua alma cantar.

Para o ignorante, a morte é noite escura, cheia de incertezas, de vazio, de medo, de destroços, de terror...

Para os desesperados, esperança de uma fuga definitiva, solução desvairada para seus tormentos...

O suicida se engana. A morte não lhe será escape, mas inferno ainda maior.

Mas, que é a morte, afinal?!

É aquilo que, em vida e na vida que o homem leva, ele a faz. É o epílogo consequente, justo e natural da própria existência.

Para o santo, morte é alvorada, repouso, alívio, lar, recompensa, sono, férias, refrigério, oásis, poesia, carinho...

Quanto maior for a treva da noite, maior será o fulgor do amanhecer.

Paciência!

Repara. Está quase amanhecendo.

De minha janela posso ver o colorido do entardecer.

Que direito tenho de reclamar porque, da mesma janela, não consigo ver o sol a nascer?

Quem te ensinou, insensato, que para chegares à luz do sol terás de galgar o cume da montanha?

Deixa o palácio em que vives supostamente tranquilo e protegido.

A luz não te chega porque a evitas.

Sai daí.

A luz está a teu alcance, mas aqui fora.

Abandona o que falsamente te protege — teu egoísmo. Deixa-o.

E recebe as bênçãos da felicidade.

Coitado!

Agia como se dissesse:

— Por caridade, me ajudem... Mas, por favor, não me tirem os problemas.

Algumas pessoas são infelizes porque imitam aquele poeta louco. Na lua nova, sentia-se triste por não ter a luz calmante dos plenilúnios a embelezar a noite. Nos fulgores da lua cheia, lastimava a ausência das estrelas de que tanto gosta.

A noite estava tão bela que despertou inveja na cachorrada da redondeza, e os cães estupidamente começaram a uivar, querendo acuar a lua.

Ela, nas alturas, nobre, indiferente e fria, continuava luzindo, para maior desespero dos bichos.

Não te perturbe a maledicência dos que não gostam de ti. Continua a luzir, indiferente.

As dores, enquanto cumpriam seu dever, lembravam ao mártir que, sem elas, sua alma não amadureceria.

Enquanto feriam, iam pedindo desculpas e compreensão.

E ele as chamou de amigas.

Não se turbe tua felicidade pelas maldades, crimes, vícios, fomes, guerra e perdições que assolam o mundo e agourentas predições que o ameaçam. Continua sereno.

Não devemos esquecer que, até certo ponto, temos o dever de tentar salvar alguma coisa. Precisamos esforçar-nos para evitar a hecatombe e criar algo no meio da devastação. Mas...

Que pode fazer o menino pastor para evitar que a plantação seja pisada pela manada que estourou?!

❧

Aqueles que desejam felicidade têm muito o que aprender das frutas. Elas alimentam o faminto. Aceitam sejam seus restos desprezados. Deles suscitam novas safras. Às dentadas que as dilaceram respondem com dulçor.

❧

Uma das mais válidas lições que os mestres ensinam aqui está — "conserva, meu filho, o sentimento de bastante".

❧

Que teus olhos não continuem míopes e rebeldes, sem querer ver a ação pedagógica da dor.

❧

Se, para continuar a brilhar, para comover poetas, guiar os pescadores em alto-mar, as estrelas dependessem dos aplausos ou agradecimentos das pessoas, já teriam todas se apagado.

Assim faz o indivíduo sensato.

Ele é feliz, independentemente de reconhecimento, gratidão, correspondência ou admiração das multidões ocupadas, dos parentes e dos amigos.

～

Sábio é aquele que sabe conquistar o positivo, mas não se perturba se o perde.

Sabe evitar o negativo, mas não se apavora quando por ele apanhado.

Sabe aceitar o jogo dos opostos com o mesmo ânimo, pois ele vive para a Essência que é imutável e não para as aparências cambiantes.

Vem, amigo, protege-te dos rigores da invernia debaixo deste abrigo chamado equanimidade.

～

O gozo sensual e vulgar não pode ser antídoto para a angústia existencial. Se assim fosse, as cortesãs, os milionários, os libertinos não praticariam suicídio.

A angústia só se vence com a realização do que é essencial em nós, isto é, o Espírito Uno e Real, que cada um de nós É. E isto se consegue com persistência, fé, prática, renúncia, humildade, meditação e transformações psicológicas profundas que nos levem para além da vulgaridade.

∾

Feliz é aquele que, apesar do mau cheiro do esterco, consegue antever fartas colheitas e o perfume dos futuros jardins.

∾

Louvar Deus somente quando Ele nos dá o de que precisamos ou o que Lhe pedimos é infantil, normal, vulgar.
Louvá-Lo também (e principalmente) quando somos forçados a beber o vinagre das traições, das mortes, dos despojamentos, das injustiças, das desgraças... isto, sim, é divino, libertador, cristão, *yoguin*.

∾

É muito precária a alegria do barqueiro que logo se entristece quando o vento vira ou quando o vento para.

∾

Vida e morte.

Verso e reverso da moeda do tempo.

No Eterno, a moeda inexiste.

❧

Não merece o nome de vida aquela que tem a morte por epílogo.

A Vida Real é aquela que não tem morte, e não tem morte porque não tem nascimento.

❧

O remédio amargo é o que nos ajuda, às vezes, a encontrar o dulçor da vida.

❧

Tentar fugir do sofrimento é a melhor maneira de amplificá-lo.

❧

A morte é o fim da vida.

Mas, a Vida é o fim da morte, pois é o fim daquilo que dá vida à morte — o nascimento.

Símbolos

REPARA, AMIGO: O MUNDO, os homens, a paisagem...
Tudo é símbolo.

Um símbolo nada consegue ser se não puder manifestar a alguém o seu significado, se não puder desvelar aquilo que ele oculta...

Desvelar é desafio.

Descobrir o que o véu esconde é experiência redentora. É ação criadora. É participação na obra e nos mistérios Daquilo que, embora Onipresente, ainda não conseguimos ver.

As águas da cascata, enquanto se despejavam, invejavam a firmeza imperturbável do rochedo há milênios lavado pelo rio.

A pedra musgosa, fixa, firme, inerte sofre por não ter a liberdade da torrente sempre a fluir.

Os patos ficaram quietos como se não quisessem perturbar a visita de uma estrela espelhada nas imundas águas tranquilas do pântano.

Disse a flor:

— Como são tolos os homens!

A mim fazem versos e cantam louvores. Mas, sem teu mergulho no fundo escuro do humo, existiria eu, para recolher orvalho, para inspirar amantes, enfeitar a meditação dos místicos e oferecer nutrição às abelhas?!

Desculpa, irmã raiz.

Mas não sou culpada.

É a cegueira dos homens que me faz usurpar teus méritos.

O Grande Cisne, deslizando manso e silente no lago imanifestado do Abstrato, ia deixando atrás de si um rastro congelado de concretos.

⁓

Hoje, feio e fétido — cismava um charco — um dia, serei nuvem.

⁓

É na queda que o rio cria energia.

⁓

É inútil abrir a gaiola. Está ali há séculos, convencido de que ninguém é mais livre do que ele.

⁓

No grão de areia e na galáxia está o mesmo Onipresente.

⁓

A maré está baixa. Nada de tristezas! Daqui a seis horas será preamar.

⌒

É preciso nunca deixar de cultuar o Verdadeiro Rei cujo trono foi usurpado.

⌒

Rio caudaloso atravessa-se em diagonal.

⌒

As margens da estrada estão marcadas pelos despojos dos fracos que desistirem de caminhar.

⌒

Os leões lambem os pés dos santos que não sabem querer mal.

⌒

Meteoritos caem.
Estrelas, nunca.

Enquanto caía, pensava um pingo de chuva:

— Que importa deixar o céu, se estou indo fertilizar a terra?!

Quanto mais alta a árvore, mais profundas suas raízes.

Toda água que a evaporação furta do mar será um dia restituída.

O mar, sabendo-o, não se opõe ao saque.

Tem paciência. Sabe esperar.

Na pobreza da cabana do homem feliz não cabe a poltrona de seda do potentado.

É por isso que a aula não começa.

Numa discussão, quem mais grita é quem menos tem razão.

⌇

No dulçor do fruto, poucos podem encontrar a lembrança daquilo que as raízes andaram comendo.

⌇

Vãmente se entristece o colibri.

Vai ser muito difícil convencer o verme a trocar a putrefação do humo, que o agrada, pelas flores cheirando ao sol, que ele não entende.

⌇

Embora desconhecendo o nome científico da flor, a abelha vai direto ao néctar.

⌇

Somente queimadas certas raízes dão perfume.
Somente depois de cortados os troncos dão resina.
Sem que morram as sementes não dão árvores.

As sementes não germinam se os frutos não fenecem. Somente depois de mortas, as flores viram frutos.

∽

Para alma amargurada nem o mel é doce.

∽

O alarido da criança não perturba a paz do justo, mas a lágrima-silêncio do aflito não o deixa dormir.

∽

O tolo, com o copo virado de boca para baixo, pedia à chuva água para matar a sede.

∽

As folhas caídas já não podem volver à árvore. Mas não estão perdidas. Viram humo. Viram seiva. Alimentam a árvore. Renascem tronco, ramos, folhas, flor e fruto.

∽

Já viste a beleza de uma folhinha pincelada de sol de inverno a sacudir-se festiva num ramo de árvore?

Desculpa, amigo! Esqueci que já não tens tempo para tais coisas!

Noite escura. O céu, veludo preto salpicado de esplendorezinhos faiscantes. Na meia encosta, do outro lado, as labaredas de um incêndio na floresta espalhavam horror. Na baía parada, o reflexo do fogo era bem mais extenso, mas sem calor, sem o horror.

Sentia-se seguro. Aprofundara-se no chão. Ali, sua fortaleza... Fortaleza insípida. Segurança-rotina. Imóvel. Sedentária. Rígida. Era segurança mineral. Sempre a mesma. Sem qualquer luta. Isenta dos estímulos da necessidade. Sem contar com a criadora força da angústia.

Lá nas montanhas há um lago encantado.

Dizem que um mergulho em suas águas luminosas

cura doenças e dores, vence as trevas, vence o mal, ressuscita e redime.

Nele confluem os três rios do céu: o do amor, o do saber e o do servir.

Dizem que aqueles que não sabem, amar e servir, perdem-se nos caminhos e podem morrer na queda nos abismos.

Dou-lhe uma. Dou-lhe duas. Dou-lhe três. É seu!

Apregoava o leiloeiro, na rica mansão enlutada.

Pessoas frenéticas, fazendo seus lances, iam comprando a temporária crença de serem donas de joias, ricas peças de adorno que alguém, já morto, um dia também supusera suas.

Dou-lhe uma. Dou-lhe duas. Dou-lhe três. É seu!

Se os micróbios tivessem o mínimo de discernimento, seriam mais cautelosos e menos ávidos. Não destruiriam tão rapidamente o organismo que lhes fornece sustento, e que, depois de desintegrado pela morte, não mais os alimentará.

De mosca não se espere mel.

Também não lhe ofereçam flores.

Quando desce a nevada, os ramos mais lenhosos, mais fortes, chegam a quebrar sob a carga branca da neve que neles se acumula.

Os mais frágeis e flexíveis se defendem, vergando sabiamente, quando há o menor excesso de peso.

Depois que a neve os deixa, reerguem-se e, assim, nunca arrebentam.

O carnaval está tão divertido!...

A oficina que espere!...

E, assim, o mundo não tem jeito.

Quem quiser divertir-se revolvendo o lodo do pântano tem que aceitar o mau cheiro.

Melhor do que a segurança horizontal dos acomodados é a criadora insegurança dos que evoluem.

No drama da vida, o ator mais lúcido é exatamente aquele que está destruindo o palco.

Não te disse que não tentasses apanhar para ti o reflexo da lua na água do poço?!
Viste?
Assim que teus ambiciosos dedos a tocaram, a água se espantou, agitou-se, e a lua fugiu aos pedaços.

Somente na superfície o rio imita as margens, repetindo-as.
No fundo, é autêntico.

Era ridículo. Era patético. Aquele besouro a voar presunçoso, a zumbir grosso, querendo passar por avião.

O santo ia abrindo caminho entre espinheiros, que lhe cortavam as carnes. De sua alma ferida, o sangue brotava. Cada gota virava luz. As luzes iam mostrando o caminho aos que vinham atrás.

Enquanto no vale, só via um caminho — o seu.
No topo, viu muitos outros.
Do alto, se vê o caminho dos outros.

Parábolas

Ele morreu e tratou de procurar o Céu. Levava consigo posses, seguranças e títulos que, na vida, tão árdua e avidamente acumulara.

— São Pedro, dá licença? — E, para justificar, foi logo acrescentando: — Andei fazendo o bem, ajudei necessitados. E trago ainda muitos recursos para poder ajudar... Disponha... Posso entrar?

— Filho, que enorme bagagem a tua! Para que tantas coisas?! Não reparaste ainda que a porta do Céu é estreita? Vê bem: o que trazes não pode passar. Larga toda essa inutilidade aí fora e só depois entra.

Um tolo andava à procura do palácio do rei. Ao ver a bonita casa do comandante da guarda, ficou tão embevecido que se convenceu de ter atingido o palácio.

E ali ficou.

~

No mercado, um homem começou a gritar: — Ladrão! Pega! Ladrão!

E, enquanto todos se ocupavam em descobrir onde estava o ladrão, ele aproveitava para roubar.

~

Chegou à praia do Mar da Verdade e encheu seu copinho furado. Exultante, voltou depois para a multidão dos crédulos.

Com o quase nada que conseguira, e contando com a superstição dos tolos, fundou uma "nova seita" para "salvar o mundo". Criou ridículos rituais, inventou paramentos pomposos e estúpidos, firmou dogmas, impôs disciplina, criou "mistérios" só para os "iniciados", ridicularizou as religiões anteriores, exigiu o dízimo, estabeleceu hierarquia. Criou um rebanho de prosélitos, que acreditavam ser os "eleitos"; os "únicos a serem salvos e possuidores da Verdade..."

E da Verdade o astuto só levara um copinho e, assim mesmo, o copinho estava sujo a ponto de contaminar o precioso conteúdo.

~

Um raio de lua pousou no esterco. Este não o recebeu. Continuou o que era — esterco.

A luz nada perdeu de si mesma. Continuou o que era — luz.

Só a lua, naturalmente, é que ficou um pouquinho triste.

∽

Pretensão infantil me levou a filosofar com a fonte. Desejei estimulá-la, e disse-lhe:

— Hoje, minha amiga, és humilde e ainda muito longe estás de tua imersão no Mar. Nada de impaciência. Tem fé e persistência. Algum dia chegarás ao Mar e herdarás sua imensidão.

E a fontezinha do grotão, de voz de cristal gelado, falando bonito, me disse:

— Não vês? Eu estou vindo do Mar, embora pareça nascer do fundo da pedra. Já sou o Mar. Nunca deixei de ser o Mar.

O carneirinho, rebelde, um dia fechou os ouvidos às mansas palavras do piedoso pastor. Corajoso, renunciou ao redil e saiu. Audaz e só, entregou-se à aventura ou desventura dos campos. Saiu sozinho. Padeceu desvalido e solitário, sem a proteção do redil, sem a companhia dos outros, sem o sermão do pastor...

A estrela que tanto buscava, vendo-o, intimorato e livre, a procurar por ela, veio do céu para ele, para fazer-lhe companhia, para fazê-lo feliz, para guiá-lo.

Os outros, com medo da dor, ficaram no redil, protegidos, escutando histórias de estrelas inventadas pelo pastor.

Ao fim de prolongada seca, o sertão não passava de um vasto cemitério de gravetos retorcidos e cinzentos a fazer companhia às pedras. Do verde, nem sombra. Nenhuma sombra-oásis para interromper a desolação, para proteger retirantes que por ali passavam ou ali morriam. Tudo esturricado. Tudo parecia morto.

Parecia somente.

Debaixo do chão, entretanto, germes dormiam. Na alma-cerne dos troncos e gravetos vibrava ainda a seiva. A vida dormia somente. Não morrera.

Desabaram as primeiras chuvas. Molharam o chão sedento e penetraram fundo para o mundo das raízes. E as águas despertaram a Vida.

Dias depois, a Vida esplendia. O verde explodia, vestindo toda a caatinga.

O pardacento cadáver da seca emigrou. Ninguém sabe para onde.

Dois pingos de chuva. Dois destinos diferentes.

O primeiro caiu na maciez vermelha de uma pétala e, ali, diamante, ficou a ostentar o fulgor do solzinho-reflexo, que conseguira prender.

O outro — coitado — caiu na lama e a lama o bebeu.

Agonizante, o ricaço pediu o talão de cheques.

Fixou nele os olhos pastosos e quase sem vida. Nada falou. Mas cada um leu naquele olhar uma expressão indefinida.

Alguns entenderam que naqueles olhos havia saudade.

Outros achavam ser remorso o que aqueles olhos diziam.

Outros viram neles uma imensa frustração.

Nenhum conseguiu reconhecer o menor sinal de gratidão.

Desabou a chuva e estragou a festa dos jovens. Eles a amaldiçoaram.

Aquela mesma chuva trouxe vibrações de esperança ao homem que semeara o milho. Ele a abençoou.

❧

Um tolo, todos os dias, batia no peito e repetia contrito: "Eu pecador, eu pecador, eu pecador..."

Acabou sendo.

Um sábio, mesmo quando em sofrimento, orava, repetindo: "Eu e Deus somos um, Deus e eu somos um, eu e Deus somos um..."

Acabou sendo.

❧

Gozava com o ritmo úmido dos remos a mergulhar, com as escamas de luz que a lua beliscava na água, com o sopro fresco e quase imaterial da aragem da noite, com o negro e infinito céu estrelado, com a solidão sedante.

Mas, nem por um instante, nem por um suspiro, desejou prolongar aquele embevecimento.

Ele sabia o que queria. Tinha um destino. Queria a outra margem.

Nela, para sempre sumiria, total e eternamente.

— Pronto, São Pedro. Já larguei tudo. Deixei moedas. Rasguei títulos. Esqueci fama e lauréis. Já não tenho amizades, inimizades, partidos, crenças, credores, devedores, preocupações, ocupações, empresas, empregados, apegos, amantes, saudades, lucros, luxos, diplomas, ansiedades... Estou só. Sem nada. Por favor, deixa-me entrar!

— Volta, filho — respondeu o santo. — Ainda vestes a última túnica, que te era útil enquanto na terra, mas agora dela não precisas... Enquanto a vestires... Vai. Atira-a longe de ti. Quando estiveres nu, volta: Livra-te primeiro da última veste... teu *eu*.

Tempos depois, novo diálogo.

— Bem, filho, agora que renunciaste ao eu, a porta do Céu está aberta. O Céu é teu.

— Agora?! Para quê... meu bom santo?!

Casebre, não. Ele queria um palácio.

Emprestaram-lhe telhas, portas, mármores, ferragens, tijolos, enfeites, madeira, pedra... E ele teve seu palácio.

Um dia, pediram-lhe tudo de volta.

Desalento! Morreu ao relento!

Um mestre e um discípulo iam caminhando junto à margem do rio quando viram um barco virar e seus ocupantes serem arrastados pela correnteza.

O discípulo, jovem, forte e bom nadador, impetuosamente se despiu e, sem escutar a advertência do mestre, atirou-se às águas em socorro dos náufragos.

O mestre, prudente e tranquilo, pôs-se sobre um rochedo rio abaixo e, de lá, bastando estender o braço, conseguiu salvar todos, inclusive o próprio discípulo, generoso mas imprudente.

~

Ansioso por libertar-se, saltou sobre a janela, e caiu na fossa da alienação.

~

Era uma vez um arquipélago em mar bonito e largo, soprado de ventos suaves e de atmosfera sempre limpa. Nunca se vira nele um tufão.

Naquele mar, sempre a tranquilidade. Na alma de cada ilha, e entre as ilhas, a paz não existia. Ao contrário, eram vaidosas e estavam sempre competindo.

Dizia uma:

— É nas *minhas* águas que os pescadores acham as pérolas mais valiosas para enfeitar o colo das princesas.

A outra retrucava:

— Esqueces que é nas *minhas* praias que os poetas do reino, enamorados, compõem os mais belos cânticos. Fazem canções que amenizam os sofrimentos do povo pobre e também dão encanto aos sonhos de amor das princesas.

Uma terceira interferia:

— Onde é que os pescadores acham alimento? É nas *minhas* águas que apanham peixes, tartarugas, camarões... É de mim que retiram o sustento dos filhos. O que sobra vão vender no mercado.

Passaram-se dias, meses, anos, séculos... Sempre a paz no mar. Sempre a rixa no arquipélago.

Numa tarde, de repente, uma das ilhas começou a sacudir-se e, em poucos minutos, agitada em agonia vulcânica, desfazendo-se ruidosamente, desapareceu sob as águas.

Enquanto isso, as outras, ainda estupidamente rivais, embora aparentando compaixão, para si mesmas diziam:

— Antes ela do que *eu*.

Demorou pouco. Também atingidas pela comoção da plataforma, foram igualmente tragadas pelo fogo e pelo mar.

De si mesma e das outras, cada ilhazinha conhecia apenas o que ficava acima da água. Ignoravam que, no fundo, eram uma só. Ignorantes, não percebiam que o mal ou o bem não atingiria uma sem atingir as outras. Por isso eram orgulhosas, estúpidas e rivais.

Cada homem é uma ilhazinha ignorante no arquipélago da humanidade.

Um dia, um gênio estava na praia a ver o mar. Era um daqueles maravilhosos seres que podiam usar os imensos poderes do Céu.

A certa hora, observou que uma ânfora pequena ia e vinha, flutuando nas ondas.

— Quem és? — perguntou o gênio.

— Sou *Ahamkara*. Sou apenas um pouquinho da água do mar — respondeu uma vozinha tímida e sofredora.

— Estás enganado. Não és somente um pouquinho do mar. Em realidade, és o próprio mar.

— Quem me dera, Senhor. Sou coisa nenhuma. Sou tão miserável! Não passo de uma porçãozinha do mar, dentro desta ânfora — continuou a lamentar-se e a teimar *Ahamkara*.

— Em verdade, repito, estás errado. És todo o mar infinito.

Para provar o que dizia, com um golpe de bastão arrebentou a ânfora, ao mesmo tempo que perguntava, desafiando.

— *Ahamkara*, onde estás?! Quem és?!

E o mar infinito respondeu com silêncio.

Um verme humilde para um colega arrogante e vaidoso:

— Não discutas com a águia sobre coisas do céu. Nós mal entendemos o que se passa aqui onde estamos.

Temos errado em supor que eu sou um e tu és outro. Vale a pena escutar a inteligente advertência de um rio que assim falou a outro:

— Não somos dois rios nascidos de fontes diferentes, correndo em leitos diferentes, sem nada ter um com o outro. Se achamos que não somos um só é porque uma ilha fluvial nos separa e nos ilude. O nome desta ilha é Ignorância.

❧

Atirando moeda ao mendigo, pensava um homem:

— Com isto, afasto do meu destino vir a ser igual a ele.

Era um covarde.

Um outro deu a esmola, convencido de que "dar aos pobres é emprestar a Deus".

Era um mercenário.

Um homem ajudou ao mendigo porque via na esmola, no mendigo, no ato de dar, e em si mesmo o próprio Ser Supremo.

Era um santo.

❧

O aprendiz de natação conseguiu a suprema coragem de soltar o salva-vidas e, ameaçado, mas liberto, aprendeu a nadar.

❧

Duas sementinhas decidiram viver ao sol.

A primeira pediu ao lavrador:

— Amigo, por favor, tire-me deste depósito escuro e me ponha lá fora, no lugar mais alto, onde haja mais sol.

O homem advertiu-a:

— Posso fazer isto, mas é bom não esquecer que o verão está muito forte e, com seus ardores, poderá matar você. Não tem medo de morrer queimada?

— Não faz mal — respondeu ela. — Ponha-me, por favor, lá em cima da cumeeira. O sol não me faz medo. Ao contrário, o que mais desejo é viver ao sol.

O homem atendeu. Colocou-a no telhado da casa e foi trabalhar. Enquanto se entregava a seus afazeres, não escutou os pedidos de socorro da sementinha que, dias depois, foi encontrada morta, esturricada.

A outra sementinha disse ao homem:

— Amigo, o que mais desejo é sair daqui e ir para o sol. Você pode me ajudar?

— Não sabe o que aconteceu à sua infeliz coleguinha? Também quer morrer torrada?!

— Não, amigo. Eu quero chegar ao sol, mas de outra forma. Por favor, enterre-me em solo fértil, cubra-me de humo, e deixe que eu germine. Quando eu for planta...

— Parabéns, sementinha inteligente. Esta humildade é muito sábia! Você bem sabe que, virando planta, transformada em tronco, folha, flor e fruto, viverá ao sol na maior segurança, no maior esplendor, na maior felicidade... Deus a abençoe!

E assim aconteceu.

A sementinha humilde teve o sol que queria.

A água do charco, malcheirosa e parada, sentiu saudade do céu.

Ganhou leveza.

Purificou-se.

Sucumbiu.

E, feita nuvem, subiu.

Lá de cima, viu secura nos campos.

Viu fome nos bichos...

E quis servir.

Fez-se pesada. Condenou-se.

Virou chuva...

E caiu.

Reflexões

ORGULHOSOS CUMES DAS MONTANHAS mais altas, abissais fossas no fundo escuro dos mares, que representais na escala das infinitudes cósmicas e dos diâmetros das galáxias?!

E vós, minhas quedas, minhas glórias, minhas dores e vitórias, esperanças e desenganos, lágrimas e sorrisos, virtudes e defeitos, alegrias e amarguras...?! Que representais, na escala do Eterno, Infinito, Absoluto Reino do Ser?!

O milionário paga ao jardineiro para aparar a grama e cuidar das flores. Mas, coitado! Vive tão apressado!... Não lhe sobra tempo para gozar a beleza de *seu* jardim, que ele financia. Paga para poder dizer que o jardim é *seu*.

Pobre iludido! A ninguém pertence um jardim a não ser àquele que tem vagares e sensibilidade para sentar-se e namorar a beleza.

O regato fala idioma universal.

Seja poeta, santo, sábio, lavrador, basta sentar à margem e ficar silente, e prestar atenção. Acaba conversando com ele. Não há quem não aprenda com o regato, se puder ficar tranquilo, mudo, escutando a lição que ele nunca deixou de dizer.

No chão, que é meu corpo, e na atmosfera, que é minha mente, abalos e tormentas podem ocorrer. Mas, na atmosfera do Espírito, que realmente Eu Sou, a imobilidade é perfeita, a imutabilidade, eterna. Ali, a Vida é imperecível. A Consciência, suprema e total. A Felicidade, absoluta. Ali estão meu refúgio, meu alimento, meu alento e meu destino.

Pela janela, eu ia vendo a paisagem mudando, as coisas ficando para trás. Numa encosta nua, num pé de milho.

Nele, uma lição.

A haste falou-me de verticalidade elegante, mas efêmera.

As raízes, ocultas aos olhos, em trabalho fecundo e anônimo, disseram-me sobre servir com humildade.

As folhas, tangidas pelo vento, eram eloquentes em demonstração de volubilidade.

As espigas, doação generosa.

Cada grão prometia uma safra.

Há uma lição em cada pé de milho.

É preciso que haja em cada um de nós a vontade de aprender.

Sem dúvida, a canção do córrego é mais agradável do que as descargas dos grandes veículos nas ruas centrais da cidade. Mas, ambos são expressões do mesmo Ser, que eu busco, e não chegarei a encontrar se ainda recuso reconhecê-Lo em todas as Suas múltiplas manifestações.

Ensinar a apodrecer é fácil. É até desnecessário. Corrupção é um processo espontâneo que alcança todos os que se descuidam.

O difícil é ensinar a evoluir.

Entre Deus-flor-beleza e Deus-mel-nutrição está Deus-abelha-trabalho.

Quem realmente *sabe* Deus, nada Lhe pede.

Haverá penúria mais desgraçada do que a do magnata sôfrego por ganhar mais, muito mais, cada vez mais?!

Discordo de quem diz que a alma do entediado é vazia.

Ela está cheia.

Está repleta de lazeres infecundos e prazeres baratos, mas também de graves pesares.

Se eu fosse uma gota de mel, me diluiria no copo d'água que o mundo bebe.

❧

Nenhum poeta, por mais genial e inspirado, pode, com seus versos, acrescentar luzes e cores ao outono.

Nenhum pessimista, por mais amargo, conseguirá esconder-lhe o esplendor.

❧

O homem sofre por sua ruindade?

Ou é ruim porque sofre?

❧

O mar não se sente diminuído na maré baixa nem presunçoso na preamar.

Assim também é o homem sensato. Não se deixa afetar por vitórias nem derrotas, lucros ou perdas, dias de sim e dias de não.

❧

Se soubéssemos dar às coisas seu verdadeiro valor; se tivéssemos atenção para o que nos cerca; se não tivéssemos tantos interesses mundanos e uma servidão angustiante aos relógios, todas as manhãs rezaríamos a mais comovida prece-louvor-gratidão pela sonoridade matinal. Agradeceríamos a Deus por ter inventado os pássaros.

Na busca da felicidade, o homem pobre está melhor do que o rico.

O homem rico, tendo a posse de muitas coisas, já descobriu que a posse não lhe deu o que andou sempre buscando — a felicidade. Ao contrário. O homem de muitas empresas é um escravo delas. Para manter o que tem ou manter o ritmo de seu adquirir, subir e conquistar, perdeu a possibilidade de parar, de repousar, de isolar-se, de meditar, de salvar-se. Para não perder o que conquistou, nunca mais descansará.

Na busca da felicidade, o homem rico está melhor do que o pobre.

O pobre ainda está iludido, supondo que, só adquirindo riquezas, feliz será. E, nesta ilusão, empenha-se em batalhas ansiosas, querendo amealhar bens, isto é, ilusões. A vida, para ele, se transforma em luta, em busca de recursos, dos quais, ainda acredita, dependerá ser feliz.

⌁

São os homens e não as leis que precisam mudar.

Quando os homens forem bons, melhores serão as leis.

Quando os homens forem sábios, as leis, por desnecessárias, deixarão de existir.

Mas, isto será possível somente quando as leis estiverem gravadas e atuantes no coração de cada um de nós.

⌁

Se eu fosse planta, gostaria de um meio propício que me ajudasse a crescer. Mas, sou homem...

Prefiro, por isto, um meio adverso que me desafie a crescer.

⌁

A onda se levanta. Vem rolando, espumante, cantando, e na areia se desfaz... Depois, recolhendo-se em si mesma, se recompõe e recua.

A onda, para mim, é símbolo do tempo.

O mar, de onde a onda-tempo ganha ser e onde se extingue depois, me lembra a Eternidade.

A onda tem seu fugaz existir. O mar, seu perene Ser.

As árvores de uma e outra calçada entrelaçam suas copas e, assim, unidas, semeiam sombras e frescor sobre crianças e transeuntes nesta tarde de verão.

Se aquelas árvores não tivessem crescido tanto, estariam ainda separadas, e suas sombras seriam escassas, insuficientes, cada uma em sua calçada.

A união só existe entre os que lograram crescer.

Somente os que se unem conseguem ajudar.

Diante do cadáver, pensei: eis um pedaço de mim que volta ao chão, e se fará humo, e dará de comer aos que têm fome; é um pedaço do mesmo quimismo sempre destinado ao pó que eu sou.

Pensando sobre o morador daquele corpo desocupado, cogitei: eis outro pedaço de mim, liberto e voltando ao lar, na imaterialidade de que é feito, e que Eu Sou.

Nossos olhos continuarão fechados, sem ver...
Só se abrirão no dia em que aprendermos a não chorar diante das desilusões.

É fácil dar àquele que me deu.
Não custa dar a quem diz — *me dá*.
Gosto mesmo de dar ao que não pede, mas precisa.
O que ainda preciso aprender *é dar ao que quer tomar*.
Jesus tem cada uma!

Se não fosse a certeza da imensa paz de descortinar, lá de cima, a planície, eu me sentaria agora à sombra daquele eucalipto, e ficaria com os pássaros, com a tepidez da tarde, com o cheiro bom de mato, e cochilando... Desistiria de caminhar.

∾

Desde que saibas gozá-la, a paisagem é tua. Não importa o cartório diga diferente.

Tu, que tens a capacidade de descobrir magia e beleza, fica sabendo: és dono de todas as serras, dos caminhos ensolarados, dos remansos dos rios, de todas as praias, do horizonte, do colorido de todos os crepúsculos, do frescor das madrugadas outonais, de todos os rosais, de pedregulhos, arvoredos, dos tabuleiros agrestes, das cascatas, do refrigério dos oásis, de todas as paisagens que teus olhos, ávidos de poesia, vierem a captar.

Se tens tempo e poesia para sentir beleza, são teus todos os lugares que te convidem a ficar e contemplar.

∾

Poderá sofrer derrotas aquele que se entrega todo e totalmente ao Onipotente?!

∾

No tempo, existimos.
Na Eternidade, somos.

No tempo vivemos, mas sem tempo para rasgar a rede fantasma com que o próprio tempo nos limita e nos impede de ser Eternidade — o sem tempo — que seremos, que fomos, e nunca deixamos de ser.

Sem a Verdade de Jesus, como realizaremos a Liberdade que Buda ensinou?!

Sem a Liberdade ensinada por Buda, como atingiremos a Verdade de Jesus — aquela que liberta?!

Olha para o céu. Conta as estrelas.

Vês? Há mais uma... e é tão cintilante!

É Martin Luther King — estrela-mansidão — que o céu emprestou à terra.

É a alfa da Constelação Mahatma Gandhi.

A alma do poeta se comove até com a folhinha vagabunda, queimada de sol, caída da árvore e que o vento arrasta sem destino.

A alma do místico vê Deus em tudo. Até na face malvada do facínora. Na aparência patética e cosmética da decaída. No olhar apático do moribundo. No dia de chuva miúda. Nos escombros fumegantes de uma catástrofe. Na dor de cada um. Na cruz de cada um. Em mim. Em nós...

Para a alma do místico, o Universo todo é a inconsútil catedral do Onipresente.

A cega e exata obediência à moda é a expressão da indigência espiritual. É sintoma de insegurança. É fome de aceitação.

Maré sobe. Maré desce.

O barquinho ancorado flutua levinho, sereno, e nem se dá conta de que a maré sobe, de que a maré desce.

O barquinho é equânime.

Nisto, é meu mestre.

Preciso aprender.

Não te posso dizer quem é maior: Cristo, Buda, Sai Baba, Krishna... Minha reguinha é incapaz de medir distância entre Estrelas.

Que chovam maledicências, críticas, condenações... Pouco importa.

Só desejo é que minha fama não se torne maior do que a Verdade que busco ser e viver.

Com mil palavras ocas e loucas o tolo tenta ocultar o Onipresente.

O santo, com absoluto silêncio, desvela-O.

Que solidão pode existir para aquele que se entrega todo e totalmente ao Onipresente?!

Uma cruz machucando as costas incomoda muito menos do que a imerecida fama de santo.

❧

A única dor verdadeira — *eu*.

Apenas um verdadeiro mal — *eu*.

Só uma cruz eu vejo — *eu*.

A mais desgraçada de todas as distâncias — *eu*.

Não há outra doença senão — *eu*.

Quem usurpa minha essência? — *eu*.

Fragilidade, conflito, neurose são — *eu*.

Os grilhões que limitam são feitos de — *eu*.

Mas, o que mais admiro, a quem mais sirvo, alimento e defendo, ainda, infelizmente, é — meu *eu*.

Este é o drama de todos os homens.

❧

Ninguém encontrará Deus em catedral, mesquita, sinagoga, *stupa*, templo, centro ou terreiro, se já O não sinta no coração, se ainda não O expresse em atos e vibrações de amor, se não coopere com Ele prestando serviço, se ainda deixa o *eu* vencer.

❧

Os mais obsedantes divertimentos não bastaram. As mais inusitadas e intensas formas de prazer foram impotentes. Psicotrópicos, psicodélicos, por mais eficazes, e "libertadores" (?!) não foram suficientes...

O homem-angústia continua fugindo.

Agora entra em órbita e vai à Lua...

Só o que ainda recusa é o remédio verdadeiro, que ele ainda vê como ameaça: o encontro — na solidão, no silêncio, no íntimo — com Aquilo que ele É.

Pedrada de doido jamais quebrantou a luz da Lua.

Mas... quantos loucos receberam de volta a pedra atirada?!

No coração de quem é bom, Cristo nasce todos os dias.

Ali está uma pedra. E eu a estou vendo.

Enquanto houver um *eu* vendo e uma pedra sendo vista, haverá ilusão.

Quando o *eu*, a pedra e o ato de ver formarem *um só*, então a ilusão se desfará e a Realidade será.

❧

A alma sectária, qual verme, vive presa à terra de seu exíguo canteiro.

Viva o homem ecumênico!

Igual à abelha, busca doçura e nutrição, perfume e cor, onde quer que haja flor. Não vê muros separando jardins.

❧

O rugido do leão aterroriza os habitantes da floresta.

Para a leoa é declaração de amor.

❧

No ócio, o homem sábio se constrói.

O tolo, vinculado, agitado, em negócios, se destrói.

❧

A terra herdará o que lhe é destinado — meu corpo, que lhe será restituído.

O Espírito, que Eu Sou, tem destino bem diverso.

Toda plantinha busca a luz.
Todo navio, um porto.
Todo rio, sua foz.
Toda ave, seu ninho.
Toda abelha, flor.
Todo amante, a amada.
Todo faminto, nutrição.
Todo fatigado, repouso.
Todo sedento, fonte.
Todo viajante, abrigo para a noite.
Todo triste, alegria.
Todo desgraçado, esperança. Todo ateu, Deus.

Nada temos. Nada é nosso. Nem mesmo a vida. Nem mesmo a dor. Nem mesmo a morte.

Quando atingimos a libertadora convicção de que nada é nosso, só então, e não antes, começamos a ser donos de tudo.

❧

Conversando com certos ateus, aprendo mais sobre Deus do que quando escuto certos religiosos, cujo amor por Deus foi substituído pelo apego a suas confortáveis e inabaláveis crenças.

❧

Nenhum esconderijo me pode proteger contra as consequências dolorosas dos males que vier a praticar.

Nenhuma potência — terrena ou não — poderá deter a mão-carícia de Deus a procurar-me pelo que eu tiver feito de bom.

A isto chamo Justiça.

❧

Olhos preparados para ver beleza sempre a encontram.

Olhos que não a querem sempre estão a negar que ela existe.

Por que os homens são teimosos?!

Por que continuam teimosamente a ter lugar, hora e fórmulas para cultuar o Eterno Onipresente?!

Vaidade devasta. Corrompe.

Nem santo escapa.

Quando aquele santo — aliás, ex-santo — se empavonou com a ideia de ser o mais humilde de todos, despencou do céu.

Contentamento nada tem a ver com *haver*.

Quem buscar mais *haver* para poder sentir-se contente, morrerá descontente, não obstante muito rico possa ser.

O único *haver* sensato e desejável é exatamente o *contentamento*.

A coisa mais invisível para o homem vulgar é exatamente o Onipresente.

Por isto mesmo é infeliz.

Os grandes Mestres são assim como o mar. Imensos e cristalinos. Dão o que têm. Não negam aos que sabem buscar, aos que buscam saber.

Deles os homens se aproximam para tirar proveitos. Neles se reconfortam. Deles querem muito.

Mas... acovardados, ficam na praia. Ficam ali, imaginando os tesouros que a profundidade esconde.

Os grandes Mestres são assim como o mar.

Lavam as impurezas dos que mergulham e, não obstante, continuam imaculados.

Assim como o mar, os Mestres são inesgotáveis. Por mais que lhes saquem, mais ainda têm para dar.

Se teu sorriso de bravura e sábia alegria não conseguiram erguer-te deste leito, deste chão, desta penúria — podes crer — vai ser difícil alguém ajudar-te.

Se no *fazer* não há *amar*, não se consegue *ser* em tal *fazer*. Talvez se consiga apenas *ter*.

Se a gente nunca se esquecesse de que o próximo é tão próximo, tão contíguo a ponto de ser uno conosco, não precisaria haver deveres, leis, mandamentos, decretos, polícias, obrigações, decálogos, prêmios, castigos, juízes, tribunais, prisões, aplausos... Nem crimes haveria. Cada um seria incapaz de causar o menor dano ao outro, por não encontrar diante de si um outro, mas sim *a si mesmo*. Cada um atuaria no mundo fazendo aquilo que para si mesmo deseja — *o bem*.

Quando fazemos *bem* ao próximo, o primeiro beneficiado, logicamente, é o mais próximo.

E quem é o mais próximo senão *nós mesmos*?!

A águia voa tão alto, tão alto que, de onde está, não se ocupa em repreender os porcos por seu mau gosto.

Não há sabedoria maior do que a convicção de que ainda não sabemos o suficiente e o certo.

Não há maior humildade do que negar-nos a nós mesmos os méritos e prêmios das chamadas boas ações, reconhecendo que o verdadeiro obreiro e merecedor é Aquele que nos utiliza como instrumentos de seu sábio agir.

Não há maior amor do que aquele que devemos devotar ao Supremo, mesmo quando nos encontramos diante de um de seus multifários disfarces menos amáveis, ou nada amáveis.

Não há maior mal do que viver para valorizar o que é apenas miragem, sombra, efêmero — nosso *eu*.

Não há maior dádiva a pedir a Deus do que Ele conceder desvelar-se diante de nós.

Não há distância mais funesta do que a do *eu* em relação ao EU.

Não há maior ignorância do que supor que cada um de nós é um ser à parte, distanciado, diferente, e indiferente a seu vizinho, seu filho, seu adversário.

Não há maior paz do que aquela que alcançamos quando, com sabedoria, abandonamos a ansiosa "luta" pela paz.

Não há luz maior do que aquela que não conseguimos ver, no entanto onipresente.

Não há maior felicidade do que aquela que já É em nós, e nós ainda não conseguimos gozar.

Não há solidão que nos perturbe tanto quanto a que sentimos em plena multidão alvoroçada.

Não existe solidão para o místico.

Nem tédio para o sábio.

Não existe alegria para o sensual.

Nem salvação para o caridoso que procura salvação no ato de dar.

Não existe *haver* que já não tenha o *yogui*, aquele que vive para *ser*.

Todo regato tem um destino — desfazer-se na foz.

Assim também é o homem. Há um desfazer-se esperando-o, para redimi-lo, para saciar-lhe todos os anseios.

Na Lei Universal não há enganos nem injustiças.

A injustiça é apenas aparente.

A justiça nem sempre conseguimos ver.

O algoz, o tirano, o carrasco, o acidente, a tormenta, a avalancha, o naufrágio, a inundação, o terremoto, o ladrão são instrumentos com os quais a Suprema Justiça Infalível se exerce.

Assim é a Lei do *Karma*.

Não ouses tentar corrigir a obra de Deus.

Não faças aos gatos teu sermão sobre a não violência e sobre a coexistência pacífica. Isto poderia desequilibrar o mundo... E os ratos herdariam a Terra.

Deixa em paz a erosão.

Não protestes contra a vida da morte.

Não lamentes as inevitáveis enchentes ou os verões que se alongam.

Tua fabulosa tecnologia também tem seus limites. Há leis em marcha que tua ciência ainda não alcançou.

Cala teus vitupérios contra os calhordas.

Lembra-te de que, quando há inteligência, até de veneno se tira remédio.

Desconfias, por acaso, da inteligência de Deus?!

Só depois de desaparecido — às vezes, só muito depois — pode um gênio vir a ser reconhecido e sua obra aceita, valorizada, útil, admirada.

Enquanto vivo, a mediocridade contemporânea não o permite. Os interesses ameaçados se defendem e até agridem.

O egoísmo é o que nos faz padecer e nos faz causar padecimento aos outros.

Embora querendo nos livrar dele, não o conseguimos.

Está grudado em nós. Entranhou-se em nós.

Em relação ao egoísmo, somos como aquele triste carneirinho que era alérgico à sua própria lã, mas dela não podia se desfazer.

Multidões de homens e mulheres — sejam vitoriosos, ricos e embriagados de prazer, sejam derrotados, pobres e padecentes — vivem virados para fora de si, buscando algo, precisando de algo. Algo sempre lá de fora.

Nesta procura, vivem surdos para a Voz Interna.

E morrem afirmando que Ela não existe.

A *humildação* é a melhor defesa contra a humilhação.

Angústia não é o maior mal.
O mal maior é não conseguir perceber na angústia a libertadora saudade de Deus.

Acho que a humildade mais inteligente e mais fecunda é calar para poder escutar Deus, e nada Lhe pedir, confiando totalmente no que Ele quiser fazer.

A grande riqueza do santo é sua humildade, que faz dele uma criança, amando, aprendendo, adorando, entregando tudo e entregando-se todo.

Fazer o *bem* aos outros tem sido enunciado como o dever síntese da caridade.

Mas... Ninguém consegue fazer bem somente aos outros.

Igualmente, ninguém consegue fazer o bem somente a si mesmo. Refiro-me, evidentemente, ao *verdadeiro bem*, àquele que não implica prejuízo para outrem e não se confunde com interesses e nem com objetivos imediatistas e tacanhos.

O suposto bem que os egoístas buscam, em realidade, é o mal para todos.

❧

É impossível fazer *mal* somente aos outros.

❧

Do infinito oceano da Verdade recolhe-se muito mais com a humilde concha do coração puro do que com a taça dourada da erudição ou com as redes de malhas rígidas do dogmatismo.

Procura do Eu

HÁ UM TESOURO NA Realidade que Eu Sou. Que sou Eu?

❧

Há em mim o resumo de todo o cosmo.

Quando vier a conhecer a mim mesmo, todas as perguntas terão resposta.

❧

Ninguém chegará ao conhecimento de si mesmo enquanto anseia por descobrir que é bom, corajoso, veraz, perfeito...

Impossível também é o conhecimento de si, àquele que se acredita pecador, perverso, doente, imaturo, imperfeito...

Não há moeda com apenas uma face. Em nós também há duas.

Em cada um há virtude e pecado, carência e fartura, bondade e maldade, grandeza e mesquinhez...

O conhecimento de si mesmo só está ao alcance do intimorato buscador isento, sem compromissos, sem desejos, sem roteiros, sem determinado prognóstico ou diagnóstico a confirmar.

Procura conhecer os motivos ocultos de tuas "bondades". Talvez não sejam tão bons.

Sonda, com isenção, os motivos abissais de tuas "maldades". Talvez não sejam tão maus.

"Conhece-te a ti mesmo", sugeria Sócrates.

Pouquíssimos conseguem. Aos demais, e somos quase todos, faltam coragem e firmeza.

Se quiseres tentar, prepara-te.

Não te zangues. Não te decepciones. Senão não te será possível saber que é falho, errado, tíbio, ignorante, vaidoso, hipócrita...

Tampouco esperes, desejes, planejes descobrir que és santo, bom, completo, valente, verdadeiro...

Somente quando aprendermos a não recusar reconhecer o que se for desvelando, ocorrerá o milagre da libertação.

É proveitoso lembrarmo-nos de que ninguém é obrigado a ser o santo que imagina ser e o sábio que se supõe.

O desejo de ser bom e o medo de ser mau é que atravancam o caminho redentor do autoconhecimento.

Planejar o porvir...
Ruminar outroras...
Ansiar pelo amanhã...
Ter saudade do que se foi...
Por que este esquecer o agora?!
Por que nunca estamos onde nos encontramos?!
Por que nunca fazemos o que estamos a fazer?!

Por que tanta pré-ocupação?!

Por que tanta pós-ocupação?!

E a ocupação não importa?!

Por que somos assim, sempre ausentes, nunca presentes?!

Meu corpo é apenas a tradução tridimensional do Ser transdimensional que Eu Sou.

Se não conseguirmos reconhecer que já temos o bastante, nem mesmo no Céu conseguiremos sentir céu, perturbados que estamos pela ansiedade da busca.

As críticas do inimigo podem ajudar-nos a descobrir certos aspectos de nós mesmos que os elogios corteses dos amigos nos impedem de ver.

Enquanto iludido, o "filho pródigo" se afastava cada vez mais.

Veio a desilusão, e ele sofreu. Mas, foi o que o chamou de volta.

A ilusão é, às vezes, covarde concessão ao falso eu que nos agrada aparentar ser, mas também pode ser um tormento imposto pelo falso eu que tentamos não ser.

Só depois de *desiludidos*, temos condição para ser o Ser Real que somos.

⌒

Na busca de nosso Eu Real devemos alertar-nos para não nos deixarmos enganar por um embusteiro que se chama *nós mesmos*.

⌒

O que nos faz egoístas é uma entidade chamada *Ahamkara*.

Como toda entidade, tende a firmar e afirmar sua existência. Tende a crescer em poder e comando.

É *Ahamkara* que retarda o reencontro redentor do suposto ser, que pensamos ser, com o Eu Divino, a Realidade Una, que essencialmente somos.

Destronar *Ahamkara* é o que nos pode libertar.

Superá-lo, o objetivo da vida.

Vencê-lo, no entanto, só é possível desmascarando-o.

Mas... Como é astuto!

Até mesmo quando, às vezes, tentamos melhorar, é ele, disfarçado, agindo para seu próprio engrandecimento, tratando de frustrar nossa oportunidade de existir.

O que mais urgentemente devemos fazer é não mais acreditar que nós somos ele — *Ahamkara*.

O importante não é tornar-me algo. Mudar. Engrandecer-me. Conquistar. Evoluir. Galgar. Tornar-me...

O que Eu Sou já É.

O de que preciso é apenas *saborear* este Eu Sou.

É muito normal o orgulho de ser humilde.

Eu mesmo comecei um poema sobre a humildade.

Fui lendo e gostando.

Gostava e imaginava o quanto iam gostar. Envaideci-me... Então... parei de escrever.

Só poderei dizer quem tu és quando chegar em verdade a saber quem eu sou.

Na Verdade, tu e eu somos um.

Ninguém é estulto o bastante para supor que é sua própria roupa.

Mas pouquíssimos são os que não supõem ser seu próprio corpo.

Imaginem o que aconteceria se os cosmonautas, na Lua, achassem de se confundir com o escafandro que os protege e lhes permite estar lá!

Pois bem, isto está acontecendo a quase todos nós.

Quando o corpo adoece, costumamos dizer eu estou doente. Quando alguém morre, amigos e parentes dizem *ele entregou a alma a Deus*.

Sabem por que isto acontece?

Porque teimamos em confundir o morador com a morada. Continuamos a identificar-nos com o corpo que usamos.

O grande problema consiste em o homem represen-tar um drama e não poder deixá-lo porque a máscara fez-se una com a face.

O personagem subjuga, frustra, enfraquece, vence, enlouquece e anula o grande ator.

Eu não sou o que a bondade dos amigos e o entu-siasmo dos admiradores fazem de mim.

Também não sou o que a calúnia e a maledicência de alguns de mim espalham.

Uns e outros estão enganados.

Eu também me deixaria enganar se, ingenuamente, aos primeiros, eu respondesse com sorrisos-pagamento e, aos outros, com insultos de contragolpe.

O que realmente eu sou ninguém sabe. Principal-mente eu mesmo.

Se eu pudesse, ao homem anônimo que encontro defenderia com a bravura dos heróis lutando por suas bandeiras. Daria a ele os tesouros ainda não desco-bertos. Levá-lo-ia a navegar o cosmo, de onde pudesse deslumbrar-se com os abismos estelares...

Se eu pudesse dar-lhe-ia o que desejo para mim, pois sou eu mesmo esse homem desconhecido que encontro.

∾

Eis a canção que escutei o Sábio cantar:
"Não sou o que pensava ser.
O que julgava Real era apenas sombra.
O que cria valer, valor não tinha.
O consciente revelou-se-me não ser.
Vi a impermanência do que eterno me parecia.
Vi mentiras escondidas em reposteiros de verdades.
Ao *desiludir-me*, vi sorrisos disfarçando prantos.
Em meu desencanto descobri maldades nos que supusera santos.
Quando me *desenganei*, constatei a estultícia de quem supusera ser sábio.
Vi tibieza nos que pareciam fortes.
Assim como o Real se veste de aparências, os homens se vestem de ilusões.
O mal não está em o Real vestir-se de *maya*, nem no homem que se veste de hipocrisia.
O mal estava no engano, no encanto, nas ilusões que minha própria ignorância engendrava e nutria.
Desiludido, desenganado, desencantado, agora estou salvo.

Agora vejo.

Agora sei.

Agora Eu Sou."

∽

"És pó e ao pó voltarás", ensinaram-me.

E eu me deprimi.

"És Deus e esqueceste que és", disseram-me.

E eu me senti feliz.

Caí em dúvida:

Então há em mim treva e luz?

Divino e humano?

Glória e miséria?

Infinitude e limitação?

Essência e existência?

Cósmico e telúrico?

Realidade e aparência?

Plenitude e vazio?

Eternidade e impermanência?

Pó e Deus?

Evidentemente que sou joio e trigo.

Céu e inferno.

Grandeza e mesquinhez.

Verdade e mentira.

Liberdade e servidão...

E agora?!

"A existência que tens é um empréstimo. Aproveita-a para realizares a Essência", foi o que aprendi.

... E o pó deixará de ser.

... E Deus virá a ser.

Hei de chegar até mim mesmo, rompendo as mil correntes que me tolhem e derrubando os muros que me escondem, e, enquanto me protegem, frustram.

Quero encontrar-me despojado de doutrinas, crenças, haveres, poderes, louvores, críticas, medalhas, diplomas, costumes, tabus, conceitos e preconceitos, aplausos e acusações.

Quero ver como eu sou, estando desprotegido das seguranças que me fazem igual aos iguais.

Até quando sobre mim pesarão conselhos, doutrinas, livros, dogmas, jornais, anúncios, conversas, aulas, conferências, advertências, pastores, locutores, divertimentos, atores, comunicação, informação, conveniências, obrigações, interesses, direitos, preconceitos, etiquetas...

Como exumar-me de tudo isto?!

Como afastar os entraves que retardam o reencontro?!

Os sete dias da criação, o intemporal da Eternidade, a plenitude do nada, a gênese de tudo, o supremo epílogo de todos os existentes, a Luz-mãe de todas as luzes, a Infinitude Onipresente, a Beatitude Infinda... sou Eu.

E continuo a perguntar-me:

Que sou eu?!

Natureza

A CHUVA CAÍA ABUNDANTE e sonora, lavando as folhas, embebendo o chão.

Dadivosa que era, despejava-se indiferente a que ali crescessem espinheiros, e mais longe, trigais.

O insondável coração da montanha, por milênios, vive a beber as águas das chuvas, e, por milênios também, vive a devolver à luz do dia regatos que murmuram, que fornecem o verde às matas da encosta, que matam a sede do homem condutor dos burricos serviçais, serra acima...

É Deus-chuva... Deus-montanha... Deus-nascente... geladinho, límpido... Deus-tropeiro... Deus-burrico sóbrio... Deus-floresta... Deus-tudo... Deus-Todo...

Deus-Onipresença... Deus-Uno e Deus-diverso... Deus-Informal e Deus-preso-às-formas... Deus-transcendência e Deus-imanência... Deus — o milagre que, embora sempre em tudo, poucos têm o poder de ver.

Não havia sequer uma rosa no jardim. O verde estava viçoso, mas era apenas verde. Nisto, apareceu esta gentil volubilidade amarela chamada borboleta e não descansou enquanto não conseguiu distribuir sua cor sobre todas as plantas.

Sentindo dilaceradas suas carnes e a queda de seus membros, a mangueira agradecia ao homem que a podava. Agradecia aquela dor necessária ao esplendor de sua floração, à fartura de sua futura safra.

Ainda no útero da montanha há apenas um rio.
Em corrida para a foz, os rios são muitos.
Sumindo no mar, tornam a ser um.

❧

Lá nas cabeceiras, este rio sujo é cristalino, puríssimo... Aqui é sujo porque foi poluído pelas cidades por onde passou.

❧

Deus canta sempre.
Não é difícil escutá-lo.
Parece que compõe e canta música para Si mesmo.
É isto o que aprendi do córrego cantando nas pedras do grotão, do solitário bem-te-vi no calmoso verão, da brisa tangida do mar em harpejo nas palhas do coqueiral, dos vagalhões a arrebentar espumas nos recifes da praia, do aboio do vaqueiro acalentando o gado, da chuva grossa fazendo melopeia no tapete de folhas mortas, do trovão canhoneando distantes horizontes, dos homens e mulheres que choram, que gemem, que falam, que rezam, que se afagam...

❧

A película prateada que recobria a lagoa graciosamente eriçou-se toda.

E eu pensei que fosse a luz da Lua a fazer cócegas no dorso das águas.

Mas não era.

Era a brisa fresca do outono a fazer das suas.

Felizmente a luz da Lua não sabe mergulhar. Fica em cima prateando a baía.

A grandeza multicor do poente fascinou-me e absorveu.

Entreguei a ele os olhos e a alma.

Deixei-me enfeitiçar, até que...

Maravilha!

Senti a realidade D'aquilo que, em mim, via o poente filtrado para dentro, através de meus olhos enamorados e passivos.

Mangueira frondosa — minha irmã — quero aprender contigo.

Ensina-me a equanimidade com que dás teus frutos a santos e perversos.

A bondade com que abrigas frágeis ninhos amorosos de tantos passarinhos.

O desapego com que deitas ao vento tuas folhas que morreram.

A majestade com que perdoas a ingratidão daqueles que não te agradecem.

A veemência da brotação com que respondes à dor da poda.

A alegria menina com que te deixas lavar pelas muitas águas dos temporais de verão.

Depois da noite vem o dia.

Morre o dia, a noite vem.

O lombo do mar arqueia e a onda nasce. Desce a onda, voltando ao mar... E novamente se ergue, para depois se afogar.

Morre a sístole.

Nasce a diástole.

Morre esta.

Aquela renasce.

Assim é.

E assim será.

A Lua cheia é sempre fascinação, esteja fria, inteirinha e redonda, passeando entre nuvens, ou esfacelada em miríades de luminosos pedacinhos irrequietos a correr entre as pedras do riacho, onde se reflete e toma banho.

Poesia onipresente

TEM ENCANTO O CANTO do cata-vento.
Tem encanto o cantochão que canta o vento.
Não tem encanto o canto que canto, o canto que invento.

❧

Escuta, Pai Celestial!
Continuo a pedir-Te:
Se algum dia varreres o Infinito, por caridade,
joga um pouquinho de lixo em cima de mim.

❧

Desculpa, meu Deus, se não me ajoelho cada vez que Te vejo.
Tenho que trabalhar... não posso viver ajoelhado.

O trágico de nossos dias é ver o lucro matando a poesia e o erótico destronando o amor.

Uma goteira passou a noite cantando monotonia no teto de zinco.
Num tolo criou insônia, irritação e interjeição.
Num poeta, uma canção.
Num sábio, a visão do Universal.

Não sou céu.
Sou daqui mesmo. Não do além.
Não sou estrela.
Luz também não sou.
Não passo de humilde pirilampo, que a noite, com seu negrume, realça.
Sou um simples inseto arremedando estrela.
Não desejo que alguém se iluda.
Estou apenas brincando de acender.
Estrela, um dia, serei.

Quando, não sei.

Só sei que, no que ainda sou, se encontra, como promessa, aquilo que virei a ser.

❧

Já não é dia.

Noite, ainda não é.

Mas Vésper, não sei por que razão ou instinto, acha que é hora de embevecer-nos com sua beleza.

❧

Dorme a serpente, há milênios, em seu escondido lar, enrodilhada nas profundezas da montanha.

Um dia, desperta, pela reta chaminé subirá em fogo, para o cume.

Ali, vulcão, derramará lavas pelos campos que o homem lavra.

Ali, vulcão, despejará cinza quente, degelando a inércia infecunda das almas abortadas.

Ali, vulcão, chamejará luz e será estrela.

Dali, vulcão, explodirá, abalando os mundos, despertando os deuses, desfazendo e libertando a montanha.

❧

É porque o céu está tão distante que nossa alma sofre com saudade do Infinito.

Mas é por estar tão alto e afastado que pode caber na exiguidade de olhos acostumados a contemplá-lo.

Viva Deus, que nos deu vista para ver a beleza e nos deu beleza para ser vista.

Viva Deus, que vê, cria e é beleza!

Não ignoro, amigo, que poesia não enche barriga. Bem sei.

Confessa... Tua alma não anda vazia? Não és presa do tédio? Não te sentes empanzinado de frustradoras futilidades, de estúpido erotismo, de cínico fugir de ti mesmo...? Tuas posses têm dado paz e alegria serena a tua alma agitada?!

Amigo, tu não és somente estômago.

Não é desta poesia que te falo.

Falo da poesia que te pode dar as asas de que precisas para realizar o Infinito.

~

Supõem mercenários, técnicos, teóricos e tiranos que podem eclipsar a poesia.

Mas, há poesia em toda parte, em tudo, e sempre ao alcance dos poucos que são sábios ou místicos, dos raros ainda não corrompidos pelo poder, pelo acumular, pela malícia, pelo impermanente prazer.

A poesia é invencível, embora para a maioria continue invisível.

~

Deus escreve um verso em cada colibri, em todas as auroras, em todos os caminhos, em cada lágrima, no sorriso de cada um, num solo de violino, no vagido de um recém-nascido, na paz com que morre o justo, nos carinhos dos que se amam...

Onde e quando, sendo Onipresente, deixa de escrever seus versos?

Eles sempre existem, mesmo que semiocultos pelas sombras dos cifrões que fazem a segurança de muitos, ou inaudíveis entre os gritos de lamento ou de gozo.

∿

Um mercenário não vê utilidade na beleza.
Um poeta vê beleza até no que parece apenas útil.

∿

Quem não consegue ver poesia na borrasca também não poderá vê-la nas folhas orvalhadas no alvorecer.

∿

Dorme, filhinho, teu sono sossegado. — Era minha mãe, ao punho da rede, cantando e acompanhada pelo ranger do armador a fazer-me dormir... Que amor!

Passa pra dentro, menino! — Era mamãe, chinela na mão, para castigar-me, quando eu fazia artes... Era mamãe-justiça, com todo amor.

Vem, meu filho, a comida está na mesa... — Era mamãe-sustento, com o maior amor.

O ruído da velha máquina me acordava durante a madrugada... Era mamãe costurando, ajudando o pobre orçamento, ganhando e se gastando. Era mamãe-trabalho, com todo amor.

A bênção, mamãe!

Deus te abençoe, meu filho!

É assim ainda hoje...

É mamãe-benevolência eterna, com toda alma, com integral amor.

⌇

A canção do sabiá continua nas árvores.

Ele canta indiferente a que haja ouvidos sensíveis à sua beleza.

Se fosse esperar que alguém o escute, estaria até agora sem cantar.

⌇

Num grão de areia, um gênio surpreende a vivência energética das galáxias e as leis do supradimensional.

Num grão de areia, o homem vulgar nada consegue ver, porque nem o vê, embora o calque sob os pés.

Deixe de chorar.

Basta de gargalhar.

Para de falar.

Só assim poderás ouvir o canário cantar.

Desde o dia em que uma alma, envenenada de teoria elaborada e vazia, anunciou ao mundo "Deus morreu"; desde aquele dia, começou o extermínio da poesia e a glorificação da violência.

Foi uma coisa linda.

Os olhos verdes de Maria encheram-se de lágrimas enquanto seus lábios sorriam. Pura e profunda beatitude!

Querem saber por quê?

Simplesmente porque nossas plantas, no jardim da Academia, por ela tão amorosamente cuidadas, estavam recebendo a visita volúvel de uma borboletinha.

No centro agitado da grande cidade poesia também acontece.

Para tanto, eis a receita:

Amor e devoção às plantas, e mais o santo desejo de receber a visita de uma simples borboleta.

Deus sempre comparece ao altar que, com imenso amor, lhe preparamos.

∽

Como poderia eu apagar o grande incêndio que já destrói o mundo?

Que poderia tentar?

Só dispondo de um copinho d'água.

Minha sede pode esperar.

Vamos ver se consigo apagar o fogaréu.

∽

Que posso fazer para ajudar os pássaros? Seria bom fazer elogios à sua plumagem?

Acho que não. Com isto não lhes aumentaria a beleza. Talvez, só a vaidade.

Seria bom admirar-lhes a elegância do voo? Ficariam eles mais felizes?

E que tal, ficar de madrugada, na mata, estático e atento para o mundo sonoro dos pássaros?! Isto lhes daria maior música ao cantar?

Tenho vontade de abrir todas as gaiolas. Mas... E os que já desaprenderam a liberdade?!

Acho que vou fazer um sermão a todos os meninos maus e dizer-lhes que não matem os pássaros, que lhes respeitem os ninhos.

Tenho-me lembrado de que poderia ser bom ajudar a construir seus ninhos, ou a encontrar comidinha, ou protegê-los contra a violência dos temporais.

Mas me dou conta de Deus em cada pássaro, em cada gorjeio, em todos os ninhos.

E, se é assim...

Já sei o que fazer para ajudar os pássaros?

Mística

FALA COMIGO, MISTÉRIO, que dás perfume aos cravos.

Fala comigo, Mistério, que luzes em cada estrela.

Fala comigo, Mistério, que reges colmeias e sistemas planetários.

Responde ao meu chamado, Mistério, que vivificas o átomo.

Atende-me Tu, que divinizas o amor, e és o Amor.

Conversa comigo, Mistério, que faíscas na mente do sábio, na devoção do místico, na ação do justo, na obra do artista, na pureza do santo, na renúncia do eremita, na inocência da criança, na divindade do amor materno, na veemência colorida da primavera, no deslumbramento do cosmonauta, na incógnita que desafia a ciência, na ternura de todos os ninhos.

Fala comigo.

Mas fala bem alto, pois ruídos impertinentes não me deixam ouvir Tua Eternidade; a zoada do multissonoro envolvente me ensurdece e não consigo escutar Tua Unidade; as gargalhadas dos prazeres libertinos e os gemidos dos amargores todos do mundo fazem para mim inaudível Tua Canção de Paz.

Fala... E não demores.

Presa do tempo, minha alma vibra na ansiedade de retroceder às imateriais fibras de seu cerne, de onde vem Tua Fala que não chega.

Fala comigo, Mistério. E leva-me na aventura do Insondável, para além das fronteiras da percepção, para longe da pobreza criada por Teu Silêncio, da miséria que nasce de Tua Ausência.

Fala comigo, Mistério.

Mas, antes, ensina-me a ouvir-Te.

Eu estava só, na catedral soberba e luminosa da praia deserta.

Ondas a quebrar e farfalhar de coqueiros, o coro.

Espumas franjavam de renda branca o paramento líquido e verde do mar.

Mudo, meditando. Imóvel, sentindo. Abri o coração extasiado, sedento, expectante.

Oficiante invisível, mas presente, deu-me a comunhão.

Na eucaristia da praia, a paisagem era o altar. A hóstia era eu mesmo no transporte místico, a expandir-me além dos limites do lugar, da hora, e de mim mesmo...

❦

Minha prece é feita de silêncio.
Fala, Deus meu.
Preciso de Tua fala.

❦

Minha prece é feita de vazio.
Vem, Plenitude.
Preenche-me.

❦

Deixo-me levar por mão invisível.
Vou confiante para onde possa ver.
Sigo devassando véus, vencendo fronteiras do cognoscível, invadindo proibidos templos e catedrais inacessíveis.
Sigo no rumo do Inefável.
Mas, a inquietude, o querer ainda mais e minha concretude pesam. Pesam e fazem pesados meus pobres passos. E a estrada é feita do sutil. Sigo, mas de passos arrastados, pegajosos...
O silêncio, a autodoação, a renúncia, a leveza que preciso ter, que preciso ser, não consigo ainda.

Sem asas, sem forças, sem pureza, sem leveza, sem entrega de mim mesmo, como é difícil!

Sinto que sou carga. Sinto que estou pesando para Aquela mão vinda de outro reino, que, por amor e atendendo pedido meu, tenta levar-me para o ápice.

... para Aquilo que Eu Sou.

A estrada não me amedronta.

Continuo caminhando.

Mas preciso de mais luz para não errar e para não me retardar.

Ilumina-me. Deixa-Te ver.

Aceitei o convite da areia e sentei-me na praia.

Segui a sugestão da brisa e comecei a respirar.

Inspirando, ia pedindo:

— Traz-me alento tudo o de que preciso: paz, para dar; entusiasmo, saúde, energia, serenidade, luz... Tudo para dar.

Expirando, dizia:

— Leva, ó vento,

tudo de ruim que existe em mim;

leva para longe, para bem longe,
para os desertos, onde viva ninguém.

❧

Folhinha amarela, anônima, sem grandeza, levada pela aragem do meio-dia, dançou no ar e, suavemente, acabou por acamar-se nas águas do riacho. Mansamente, a boiar, deixou-se ir para longe, cada vez mais longe, sumindo, distante... Virou pontinho amarelo, lá longe, inteiramente confiante no destino do rio.

Quando poderei ficar assim?

Quando ficarei tão leve como a folhinha morta a sobrenadar na superfície das coisas e ser arrastado, inteiramente confiante, totalmente entregue, ao fluir de Deus?!

❧

Verdade Suprema, inútil e tolamente tenho tentado captar-Te com meu presunçoso intelecto cheio de doutrinas, fórmulas e preconceitos.

Eis-me agora silêncio.

Aqui estou sem ansiedade, paciente, humilde, aliviado de estereótipos, a esperar Tua Graça.

Que És?!

❧

Adoro-Te, Deus meu, quando Te encontro árvore e me dás frutos e sombra.

Adoro-Te quando riacho a matar minha sede.

Adoro-Te no próximo.

Adoro-Te a criar novas formas.

Adoro-Te a destruir o que deve mudar.

Adoro-Te quando nascimento e também quando morte.

Adoro-Te onde quer que seja, como quer que seja, quando quer que seja.

Adoro-Te dentro e fora, no cume e na raiz, no oriente e no ocaso, no fogo e no gelo, na bonança e na tormenta, no sono e na vigília, no tempo e na Eternidade, imanente e transcendente, dentro de limites e Infinito, na existência e na Essência.

Joguei uma pedra no córrego.

Cantando seu *tchibungo!*, desapareceu, engolida pelas águas.

Quando pesarei como a pedra, para, assim, mergulhar no coração das coisas e nos abismos de Deus?

Amor

"PORTANTO, O QUE DEUS juntou não o separe o homem..."

Quando é que podemos dizer que "Deus juntou"?

Quando, diante da lei, os nubentes assinaram o contrato?

Será um contrato o vínculo de Deus?

Um casal se une diante de um altar, perante um sacerdote e testemunhas...

O ritual será o vínculo de Deus?

O elo divino não é feito de papel nem de cerimônia pomposa.

Que é este misterioso vínculo indissolúvel, que o homem não pode separar?

É Deus mesmo quem o define:

"De modo que não são dois, mas uma só carne..."

Esta é a divina união que Deus abençoa e os homens não desfazem.

É o próprio Deus.

Deus, que é Amor.

❧

Para muitos a primavera do Amor só acontece no outono da vida.

❧

Eu vi o Amor.

Foi numa tarde quente, quando a pardoca, dominada pela aflição, tentava tudo, querendo reconduzir ao ninho o filhote implume a debater-se na poeira do chão.

❧

Há um amor que amesquinha, magoa e faz chorar.

Há um que liberta, enriquece a vida, cria alegria, acende luzes e gera poesia.

No primeiro, reina o egoísmo.

No segundo, Deus.

❧

Tenho pena de quem pensa que ama somente porque consegue esgotar, por momentos, sua ansiedade sensual nas carnes de outro ser, que igualmente iludido, sente-se amado.

Tenho pena principalmente do Amor, tão profanado por esta alienadora mistificação.

Não tentes ajudar o pardalzinho a achar, a suspender e a carregar a palhinha para construir o ninho.

A luta, os riscos e sacrifícios são seus sagrados deveres perante o Amor.

Deixa-o.

Deixa que o próprio Amor construa seu ninho.

O que melhor tens a fazer é ficar de longe a olhar. Podes também mandar de teu coração, ao pardal, à sua amada, ao ninho, a mais sincera vibração de Amor.

O Amor é um quadro que se pinta com paleta de cores muito vivas, suaves e delicadas.

Muito cuidado!

Nesse quadro não se deve usar pincel onde reste um sujinho de tinta escura que se chama ciúme.

Deus abençoe o inventor do Amor.

— Ele mesmo.

Nada existe mais injuriado do que o Amor.

Confundem-no com interesse, simpatia, conveniência, companheirismo, compaixão, chafurdo erótico, aventura sensual egoísta...

Nada mais raro do que o verdadeiro Amor.

A maior de todas as riquezas é este verdadeiro Amor, que só tem um sinônimo:

— Deus.

A Unidade-Essência de todos os seres eu a sinto na contemplação estática dos olhos da santa mulher que amo.

Um Amor assim liberta, transcende, pacifica, unifica.

Se há Espírito no Amor, nele não cabe pecado.

Amor não é aquele que só consegue amar a perecível forma.

Por ser fácil, é vulgar amar a formosura da forma.

Esse amor, que não vai além do apetite estético, é tão vulnerável quanto a própria beleza transitória. Dura somente o tempo que dura aquilo que o tempo, a doença e a morte desfiguram e extinguem.

O Amor liberto do tempo, das injunções existenciais, o Amor que perdura, os vulgares não conhecem, pois não entendem o que é amar a Essência, que transcende as formas.

Somente os que já conseguiram penetrar em algumas camadas mais sutis e profundas de seu próprio universo interno, portanto, mais longe do ilusório, são capazes da libertadora aventura, da transcendente ventura de Amar.

Este amar Real também goza a forma.

Mas, em realidade, ama a Essência, que lhe dá Eternidade, Infinitude, Transcendência, Felicidade, Plenitude.

Amor e egoísmo são antíteses.

A vida de um é a morte do outro.

"Fazer amor" falam os libertinos.

Amor não é um ato.

Amor não se faz.

É eternamente feito.

Amor é Ser.

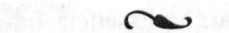

A palavra amor, hoje, mais do que nunca, se abastardou. Refere-se à generalizada e egoística gratificação genital mútua, na qual um explora o outro.

Amor — sentimento, admiração, amizade, ternura, devotamento, lealdade — está expulso da semivida da legião imensa dos degradados, que, incapazes para a verdadeira joia, se distraem, se contentam, se enganam com a torpe imitação.

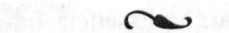

Há algo além do Amor.

É confluência.

É a perda do ego de um na amada Essência do outro.

E então já não há mais um e outro.

Confluir é um entranhar-se irreversível, no qual já não existem dois, mas sim apenas Um, que É.

Maria

A SOMBRA QUE ME ABRIGA é feita de luz.

De onde estiveres, mãe Virgínia, escuta,
não te conheci a figura,
mas te imagino,
e isto me basta para adorar-te.

Não te conheci pessoa,
mas te conheço artista.

Conheço-te na obra que criaste.
Criaste aquela que Deus me destinou,
a fim de que eu não morresse sem saber o que
[é amor.

Eu te agradeço, mãe Virgínia
pela Maria que criaste,
pela joia que me deste,
pelas bênçãos que perenemente sobre nós
                         [semeias.

De onde estiveres, mãe Virgínia,
fica sabendo:
Maria é amada.

❧

Eu vi Deus
pingando cristalino
numa lágrima de infinito amor
das que minavam
dos olhos verdes
de Maria.

❧

Distância,
tão somente os corpos separa.
Nossos espíritos,
uma essência,
una e única,
jamais serão afastados.

Além da morte
estamos nós, amada.

Até mesmo a morte,
nós, querida de minh'alma,
até a morte nós vencemos

A Eternidade é nossa,
pois o Amor
é eterno.

❧

A chuva canta lá fora.
E há mais:
um noturno de Chopin.

Mas, os ouvidos de meu espírito
só escutam
a mais espiritual das músicas:

— tua vozinha
maviosa,
doce e carinhosa,
a dizer-me
o que sempre quis escutar:
— "eu te adoro,
meu amor."

Ao contemplar teu rosto
de meiguice devota,
de leveza de garça,
de graça de flor,
ao pendurar meu enlevo
no abismo verde de teus olhos,
ao beber o som de teu riso
que parece cascatear de córrego límpido,
ao ver teu semblante luminoso
a anunciar-me que encontrei
o verdadeiro amor,
ao me sufocares em deliciosos beijos,
e sentir que te desfazes em mim,
ao te sentir toda minha
e eu
irremediavelmente teu,
só então eu vejo
como foi triste e desolador
o pesadelo que me tomou a vida toda
— o pesadelo desta distância que me
                              [separava
de não sei quem
que, mesmo não conhecendo,
era um pedaço de mim,
arrancado dolorosamente de mim.

Não sei o que mais desejo:
— beijar-te arrebatado,
queimado de gozo sem par,
ou olhar-te de longe.
Olhar-te a andar suave
como veleiro em mar sereno,
ou imaginar-te radiosa,
linda, envolta em bruma
azul, distante, sutil, inconsútil,
ou ouvir-te jurando amor,
ou sorrir com aquela sonoridade
de córrego cantando nos pedregulhos...

Não sei o que mais amo em ti.

Sei, porém,
— isto eu sei —
que se o Infinito tem voz,
se o Céu tem porta,
são teus olhos verdes,
sempre dulcificados pelo amor,
a porta do Céu
a falar-me do Infinito.

Centenas, milhares,
abatidos, inquietos, desesperados,
têm batido à minha porta,
onde escrevi a palavra que buscavam
— tranquilidade!

É preciso que ela nunca se apague.
Minha tranquilidade,
desde há muitos sóis,
deixou de ser apenas minha.

Muitos,
— não sei quantos,
dela vêm se alimentar.

Muitos
— não sei quantos —
partem saciados.

Vem tu, querida,
eternizá-la com teu carinho,
aprofundá-la com teu afago,
com tua presença,
com teu calor,
com teu riso,
contigo...
Vem, amor.

São muitos,
não sei quantos,
que dependem de nós.

∿

Venha, meu amor,
Sente aqui a meu lado.
Vamos olhar estrelas.
Venha, amor.
Sem você
as estrelas ficam muito tristes.
Que alegria podem ter,
quando veem tristeza
nos olhos que as contemplam?...

∿

Há quantos milênios erramos pelos caminhos,
e quantos descaminhos sofrendo?
Há quantos séculos sofregamente nos
                           [buscamos?
Em quantas portas erradas nós batemos?
Um a chamar pelo outro,
que lá não estava.

Quantos suspiros irrespondidos!
Quantos carinhos desperdiçados!

Mergulho na paz   239

Quantas notas nós tocamos e
que não ressoaram!
Onde andavas tu,
que não me escutavas?
Onde andava eu sem te encontrar?

Agora, parece,
Deus, ouvindo as preces que fizemos,
vendo as lágrimas que choramos,
as ternuras que não tivemos,
o muito que andamos,
abençoando-nos,
juntou-nos.

E, só agora,
quando já não és ausência,
só agora eu vejo,
só agora eu sinto:
Nunca deixamos de estar juntos.

Tu, também como eu,
peregrinaste por desoladas paisagens,
pelos campos secos,
onde flores não havia
e nem orvalho,

onde os pássaros não achavam árvores para
[seus ninhos.

Tu e eu também,
sedentos de carinho,
arrastamo-nos sofrendo,
mas sem desfalecer...
Valeu a pena
— não é, amada?

Hoje somos um só
a passear abraçados,
aos beijos, sorrindo,
neste prado primaveril
de nosso abençoado amor.

Deus criou-nos
e destinou-nos a este encontro,
após tantos anos de secura,
de carências e amargura.

Abençoemos Deus, querida.
Abençoemos Deus em nós,
que hoje se nos desvela
na forma gloriosa
deste santo Amor.

~

Os sedentos são tantos,
que o cântaro
que apanhei na fonte
pode não dar.
Pela luminosa ternura que teus olhos
[expandem,
por toda bondade que teu sorriso transpira,
por tanta meiguice,
pelas alegrias que tuas palavras semeiam,
pelo amor que dás,
pela coragem que em mim suscitas,
por tudo que és e quero ser,
eu te peço:
— transfigura-te em fonte perene.

~

Vejo um campo
com uma árvore esguia.
Muito esguia é a árvore
que o forte vento verga
e dela as folhas arranca,
folhas que o mesmo vento forte arrasta veloz
por longas distâncias.

O vento não para de soprar,
e a árvore não para de dançar.
E as folhas vão embora,
tangidas e levinhas,
lá para o lado onde fica a serra.

Esta árvore
aparentemente tão frágil, tão etérea,
esta árvore tão linda,
na paisagem monótona e plana,
esta árvore só,
graciosa dançarina,
que não chora pelas folhas que se foram,
esta árvore é mulher,
e seu nome é Maria.

Em meus olhos — tu me dizes —
a luz do céu contemplas.

Nos olhos teus — querida —
o que vejo são os abismos
e a vastidão verde do mar.

Ao nos beijarmos,
ao nos unirmos,

um milagre praticamos:
confundimos céu e mar.
O céu mergulha nas águas.
O mar bebe o céu.

Haverá, em toda eternidade,
um casal tão horizonte?!
Se o vendaval do ciúme sopra,
o mar se agita,
se encrespa e fere o céu...
O céu se turva,
se curva,
se agita e fica insone...
E o horizonte,
por momentos,
se apaga.

Abençoado seja nosso amor, amada,
em que mar e céu se juntam
para embelezar o mundo,
para inspirar o místico,
para colorir a vida
e acolher o barquinho desgarrado
de almas que padecem.

Que a equanimidade
dos que se amam

e mutuamente se confiam
seja sempre horizontal
em nossos dias.

Que o horizonte,
nem por um segundo,
deixe de existir.

Estou pensando,
amor,
nos dois rios que ontem éramos.

Em longínquas serras diferentes,
um dia,
a luz do sol vimos pela vez primeira.

Depois,
sem eu te ver e sem ser visto,
padecemos corredeiras,
gozamos plácidos e efêmeros remansos.
Quantas vezes
despedacei minhas entranhas
nos pedregulhos do leito incerto.
Tu, retida em barragens de agruras,
represaste mágoas e lágrimas abundantes.

Hoje, Deus o quis,
nossos álveos canalizaram-nos um para o
[outro.

Juntamo-nos.
Somos um.

Amor,
agora somos tão somente um rio.
Fluindo juntos e confundidos,
vamos fertilizar as terras ribeirinhas,
com os sorrisos e carinhos que trocamos.

O que nos une
não é o que une a quase todos.
Não é simples amor.
É muito mais.
É identificação irreversível e perene.
É confluência que faz de dois um.
Somos tão somente um rio
a caminhar para o mergulho definitivo
no mar da Eternidade.

Pisa de leve,
muito leve,

nas folhas que morreram
e recobrem o chão da mata.
Cessa teu voo,
inquieto zangão.
Para teu ciciar,
brisa que age nas árvores.

Suspendei vossos sensuais suspiros,
ternos passarinhos.

Parem todos!
Silêncio!
Quietos!
Não veem que paira um olhar
tão amoroso
nos verdes olhos de meu amor?!...

Não perturbem
o céu
que despeja céus
em minha vida.

༄

Se, entre sorrisos,
ela te disser um dia:
— "Estou tão feliz

com tua alegria,
amado!..."
e ao findar a frase
tiver os olhos cheios de lágrimas
— fica certo —
ela te ama
com amor de verdade.

Beija-a nos olhos
com ternura,
e mistura às suas
as lágrimas dos olhos teus.

São muitos os que choram
lágrimas de tristeza.
São muito poucos
os que derramam
lágrimas de amor.

É por isto
que o mundo anda assim
tão triste.

É nos teus lábios, querida,
que bebo as mais sublimes essências
com que minh'alma se odoriza.

E é com o perfume de minh'alma
que consigo balsamizar
a dor dos outros...

Nosso amor deve ser assim:
começar em nós
— num beijo —
e expandir-se aos espaços sem fim,
dulcificando vidas,
inspirando e florescendo alegrias,
sem jamais
suscitar lágrimas
em ninguém.

∾

Ave Maria
de olhos verdes!
Ave Maria
que sabe amar!
Ave Maria
que sabe andar,
que sabe sorrir,
que sabe ajudar...!

Ave Maria
de voz tão meiga!
Ave meiguice
de leveza de ave!

❧

Se é noite,
meu rumo é marcado
pelas estrelas verdes
que são teus olhos.

Se é dia,
é a luminosidade de teu sorriso
que me atrai ao rumo certo
— teu carinho.

❧

Amor não se aprende,
Amor não se fabrica.
Surge ou acontece
como a semente enterrada
que vem à Vida,
como o rio
que procura o mar,
como a abelha

a pousar na flor,
como a primavera
a suceder o inverno,
como sorriso de criança,
como dia de bonança
depois do temporal noturno.

Amor não se busca,
pois está sempre aqui
— não é, Amada?

Eu te amo,
menininha que foste
e eu não conheci.

Eu te amo
na mulher que és
e é minha.

Eu te amo
na anciã que virás a ser,
e companhia em meu inverno.

Eu te amo
no sem-tempo,

com Amor de verdade,
este Amor-Eternidade.

Feliz sou eu,
eu que tenho o amor de Maria.

Que te posso dar, querida?

Quero que saibas
de minha vontade de te dar,
neste e em todos os dias.

Que sobrou para te dar,
se já te dei
o que sou e serei,
se já te dei o que fui?
Finalmente,
que te posso dar,
se já sou tu?

O autor

José Hermógenes de Andrade Filho, conhecido como Professor Hermógenes, foi o pioneiro em Medicina Holística no Brasil. Nascido em 1921, dedicou-se ao crescimento espiritual dos seres humanos, dividindo seu tempo no trabalho na Academia Hermógenes, na publicação de livros terapêuticos e de poesia, na produção de artigos para a imprensa, na ministração de cursos, seminários e teses para congressos científicos. Foi criador do Treinamento Antidistresse, do método Yoga para Nervosos, colaborador (com Yogaterapia) da 32ª Enfermaria da Santa Casa (RJ), professor de Filosofia, além de ainda exercer as atividades de conferencista, poeta e ensaísta. Hermógenes faleceu em 2015.

Entre as premiações e os títulos a ele concedidos pelo belo trabalho em prol da evolução da humanidade, destacamos alguns:

- Medalha de Integração Nacional de Ciências da Saúde;
- Doutor em Yogaterapia, concedido pelo World Development Parliament (Índia);
- Diploma D'Onore no IX Congresso Internacional de Parapsicologia, Psicotrônica e Psiquiatria (Milão, 1977);
- Medalha Pedro Ernesto (Câmara de Vereadores do Rio de Janeiro);
- Cidadão da Paz, do Rio de Janeiro (1988);
- Medalha Tiradentes (Assembleia Legislativa do Rio de Janeiro, 2000), pela contribuição na área de saúde;
- Título Doutor Honoris Causa concedido pela Open International University for Complementary Medicine, do Sri Lanka pela vida dedicada à saúde de seus semelhantes e pelo conjunto de sua obra literária;
- Patrono do Núcleo de Yoga "Professor Hermógenes" da Universidade Federal do Rio Grande do Norte.

Este livro foi composto na tipografia
Minion Pro, em corpo 12/17,5, e impresso
em papel off-white no Sistema Cameron da
Divisão Gráfica da Distribuidora Record.